RECHERCHES

SUR COULONGÉ

TYPOGRAPHIE JULIEN, LANIER ET Cie, AU MANS.

RECHERCHES

HISTORIQUES

SUR COULONGÉ

(MAINE)

PAR

FORTUNÉ LEGEAY

PARIS

JULIEN, LANIER ET Cie, ÉDITEURS

RUE DE BUCI, 4, F. S.-G.

1856

RECHERCHES

HISTORIQUES

SUR COULONGÉ

I

COULONGÉ.

Les traditions écrites ne nous font pas connaître exactement les commencements de la paroisse de *Canon* ou de *Coulongé;* nous savons seulement qu'antérieurement à la moitié du VIe siècle, la cathédrale du Mans possédait le magnifique domaine (*villa*) de Canon, ou du moins une partie de ce domaine, et que saint Domnole, quelques années après avoir fondé et doté l'abbaye de Saint-Vincent, légua par un codicille, le 4 septembre 580, au même monastère, la terre « de Canon, avec les champs, forêts, prairies, pâturages, eaux, cours d'eau, et les colons qui l'habitaient. »

Vers la moitié du IXe siècle, saint Aldric fonda, sur les propriétés qui dépendaient de la cathédrale, cent cinquante-deux maisons d'exploitations rurales, appelées actuellement par nous métairies ou fermes ; pour l'entretien de son église et le soulagement des pauvres, il y rassembla des troupeaux de juments avec leurs étalons, des troupeaux de vaches, de brebis, de chèvres et de porcs, et les divisa en chaque domaine. Deux de ces établissements se trouvaient en *Chenon*. En 837, il légua au monastère de Saint-Vincent les troupeaux qu'il possédait alors dans cette paroisse. Il avait aussi affecté à la dotation du monastère de Saint-Sauveur la moitié de la terre de Canon. Le 10 octobre 873, Charles le Chauve confirme, à la prière de Robert, évêque du Mans, aux chanoines de l'église de Saint-Vincent, la possession de plusieurs domaines situés dans le comté du Maine, entre autres ceux de Chanon et de Sarcé, qui leur avaient été usurpés pendant les guerres et restitués depuis par Guy, vassal de l'évêque, et par un autre personnage qui portait le même nom.

Au xe siècle, Sigefroy, cet indigne évêque, donna à Alberic, son fils bâtard, les terres de Sarcé et de *Colongé*, qu'il avait usurpées sur les religieux de Saint-Vincent, sous prétexte d'un contrat de vente fait pour la somme de 18 livres de deniers. Enfin, Gervais de Château-du-Loir, second successeur de Sigefroy, leur fit de nouveau restituer « ces domaines, avec leurs autels, c'est-à-dire les dixmes, les offrandes et tout ce qui en dépend, avec les bois, les terres, et leurs cultivateurs. »

Nous pourrions encore citer différents passages de pièces du VIe au XIe siècle : dans toutes, on verrait que Coulongé, depuis son origine jusqu'à la moitié environ du IXe siècle, était appelé Canon ; que, vers la seconde moitié de ce siècle, on écrivait Chanon, Chenon, et enfin depuis Colongé, Colongey, Coulongié, Coulongey, Collongé, Coullongé et Coulongé.

L'étymologie du nom primitif de la paroisse de Canon n'a pas encore été trouvée par les chroniqueurs ; celle dont parle Pesche, dans son *Dictionnaire statistique*, ne nous semble avoir aucun rapport avec cette contrée[1]. Nous laissons à de plus habiles le soin de découvrir cette étymologie.

Coulongé est à 9 kilomètres 1/2 de Mayet ; cette paroisse, jadis de l'archidiaconé de Château-du-Loir, du doyenné d'Oisé et de l'élection de Château-du-Loir, suivant Le Paige, et de la Flèche, d'après Pesche, fait partie du canton de Mayet, et est bornée, au nord, par Pontvallain ; au nord-est, par Sarcé ; à l'est et au sud-est, par Aubigné ; au sud et à l'ouest, par le Lude et Luché ; au nord, par Mansigné.

[1] « Canon, de *Koulos* (à quelle langue ce mot appartient-il ?), tortu, courbé, et de *gé*, terre. » Ce mot *Canon* vient du latin *Canna*, osier, roseau ; *Colongia*, *Coulonge*, signifie *métairie*. Il a été souvent employé en ce sens ; ainsi, dans le Testament de saint Bertichramne, on trouve : *coulonge Vincentia*, *coulonge* nommée *Villa-Nova*, la *coulonge* de *Satovera*, la *coulonge* de *Vatinolonno*, etc.

La paroisse de Coulongé est arrosée par les ruisseaux de Canon ou de Chenon, de la fontaine Saint-Hubert et de la Cailletière. Il y a un moulin à blé dans la commune; depuis environ quarante ans, on y a aussi établi un fourneau à chaux et à tuile.

Le sol produit du froment, du seigle, de l'orge, un peu d'avoine et de sarrazin, des pommes de terre, du chanvre, du vin blanc, peu de vin rouge, du cidre, etc. Le peu de commerce qu'on y fait consiste en vin, cidre, graine de trèfle, chanvre, fil, dans l'extraction de pierre de grès et de tuffeau.

L'assemblée de Coulongé a lieu le dimanche qui suit la foire tenue au Lude le 8 septembre.

Il y a, à Coulongé, un bureau de déclarations des boissons, un débit de tabac, un débit de poudre de chasse, une école communale. En 1790, la population était de 800 habitants; en l'an VIII, de 609; elle est aujourd'hui de 1,050 âmes.

La superficie totale de la commune est d'environ 1,505 hectares; le revenu imposable, 24,900 fr.; la contribution foncière, 4,700 fr.

On compte environ 230 maisons à Coulongé.

(*Manusc.* — *Chart.* — *Cart. de St-Vinc.* — *Hist. de St-Vinc.* — Cauvin. — Le Paige. — D. Piolin. — L'abbé Voisin, etc.)

II

ÉGLISE.

L'édification de la première église de Coulongé, d'après tous les manuscrits que nous avons consultés, doit être attribuée à saint Domnole (560-582) ou aux religieux de Saint-Vincent, mais plutôt à ces derniers.

Cauvin n'hésite pas, dans un tableau qui est placé dans sa *Géographie ancienne*, à fixer en 572 la fondation de cette église, laquelle, comme celle d'aujourd'hui, était dédiée à saint Lubin et était à la présentation de l'abbé de Saint-Vincent. Nous n'acceptons ni ne contestons cette date; en n'en indiquant pas l'origine, l'auteur nous a mis dans l'impossibilité de la vérifier ; cependant nous ferons remarquer que rien ne prouve d'une manière certaine que la création de cette église ne remonte pas à une autre année, soit antérieure, soit postérieure ; en effet, suivant une histoire manuscrite de ce monastère, « la terre de Chanon a été donnée aux clercs de l'église de Saint-Vincent et de Saint-Laurent par saint Domnole, avec l'église, qui est sous l'invocation de saint Leobin (Lubin[1]). »

[1] Et non saint Aubin, comme dit Cauvin dans sa *Géographie ancienne*, p. 143.

Un autre manuscrit reproduit ce passage et ajoute : « Cette église a vue sur ce domaine (Chanon), etc. » D'après ces deux citations, ce monument aurait été bâti pendant que cet évêque occupait le siége épiscopal du Mans, ou peut-être auparavant, ce qui nous semble très-peu probable ; d'abord, aucun autre manuscrit, ni titres authentiques, ni historiens, n'en font mention, et, dans les testament et codicille de saint Domnole, il n'est nullement question que ce prélat possédât dans cette paroisse d'autres biens que son domaine de « *Pontificim Canon.* » Cette église aurait donc été fondée depuis, vraisemblablement par les moines de Saint-Vincent, afin d'y célébrer ou faire célébrer les offices pour leurs vassaux. Ce qui tend à confirmer cette hypothèse, c'est qu'on n'a jamais indiqué d'autres présentateurs que les chanoines de cette abbaye.

Certaines pièces portent que l'Église du Mans possédait *une partie du domaine de Canon*, et saint Domnole l'autre partie ; ce serait seulement avec la permission de ses chanoines qu'il aurait légué aux religieux de Saint-Vincent *la jouissance* de ces biens et qu'il s'en serait réservé la nue propriété. Quelques auteurs s'en sont sans doute rapporté à ces documents, quand ils ont dit : « Cet évêque ne donna qu'une notable partie de ce « domaine. » Cependant, si nous comprenons bien le codicille de saint Domnole, il disposait, en faveur des moines, de quelque chose indépendamment de l'usufruit de sa propriété. En effet, voici dans quelles circonstances il fit ces actes : le 6 mars 572, il fonde le monastère de Saint-Vincent, et dans son testament il spécifie les terres dont il l'a richement doté ; plus tard, il invite Audoveus, ou Audovée, évêque d'Angers, qu'il appelle son seigneur et frère (confrère, quoi qu'en dise Le Corvaisier), à venir célébrer avec lui la fête de saint Victorius. En présence de cet évêque et d'un autre, nommé Théodulphus, dont le siége est resté inconnu, il donne, par un codicille [1] ajouté à son testament, le 4 septembre 580 ou 581, aux moines de Saint-Vincent « le domaine de Canon, avec les champs, forêts, prairies, pâturages, eaux, cours d'eau, et les colons qui l'habitaient. » Il livre ces biens à Leusus ou Lusus, abbé du monastère, pour la subsistance des moines, et déclare qu'il les donne uniquement parce qu'il y a été engagé par le clergé de Saint-Julien. « Le diacre Niviard, qui était le défenseur de l'église du Mans, est chargé d'en assurer la paisible jouissance à l'abbé et aux religieux ; » et le donateur menace des plus terribles anathèmes ceux qui ne respecteraient pas ses intentions. Cet

[1] Les diverses copies de ce codicille diffèrent un peu les unes des autres ; il y en a sans date et d'autres qui portent celles du 4 septembre 580 et 581.

acte est signé des trois évêques Domnole, Audoveus ou Audovée, et Theodulphus.

Quoi qu'il en soit, les religieux de Saint-Vincent et de Saint-Laurent n'ont pas toujours eu la paisible possession de leur domaine et de leur église de Coulongé. On trouve, dans le manuscrit de cette abbaye, que « Charles le Chauve confirme, à la prière de Robert, évêque du Mans (857-883), aux chanoines de l'église de Saint-Vincent et de Saint-Laurent, la possession de plusieurs terres situées dans le Maine, entre autres celle de Sarcé et celle de Coulongé, avec son église dédiée à saint Leobin (*sic*). »

Le récit fait par Le Corvaisier de cette restitution diffère un peu de celui que nous venons de rapporter; cet auteur dit : « Robert retira, par la puissance de Charles le Chauue, les eglises de Sarcé et de Coulongé, qui auoient esté vsurpées pendant les guerres, sur l'abbaye de Sainct-Vincent, et les fit rendre auec vne autre, nommée *Canon, cum suis compendiis, et cum facto vno qui est in diablinticositus, et capellas quinque.* Ainsi qu'il se peut voir par les lettres du roy Charles données sur ce suiet. » Nous ne savons de quelle autre église de Canon Le Corvaisier veut parler; car il n'y en a jamais eu deux à la fois à Coulongé. On ne supposera sans doute pas que la première église et celle qu'on voit actuellement existaient en même temps, cette dernière, de l'avis de tous les hommes de l'art, ayant été construite au XIe siècle; or, ces faits se passaient dans le IXe. Aussi Bondonnet, Le Paige et autres, considérant probablement cette citation comme erronée, se sont-ils contentés d'écrire : « Robert retira, par la puissance de Charles le Chauve, les églises de Sarcé et de Coulongé, qui avaient été usurpées durant les guerres sur l'abbaye de Saint-Vincent, et les fit restituer. »

Le mauvais prélat Sigefroy (Singenfride, Scienfroy, Sigefroi, évêque du Mans, 971-994. — Bondonnet. — Le Paige [1]), dont la conduite fut si scandaleuse, entretint une jeune demoiselle d'une grande beauté, nommée Hildebourge ou Hildeburge [2], et

[1] Les auteurs ne sont pas d'accord sur le temps pendant lequel Sigefroy occupa le siége épiscopal du Mans et sur la date de sa mort.

[2] Le Corvaisier dit que Sigefroy épousa Hildebourge; Bondonnet affirme qu'elle ne fut que sa concubine : « Qui jamais, ajoute-t-il, ait ouy parler qu'vn euesque ny en l'église latine, ny mesme en la grecque, dont les prestres n'estoient pas obligez au celibat, ait jamais pris vne femme, luy ai promis la foy du mariage, et l'ait aussi receue d'elle en face de l'église (qui est ce qu'on appelle épouser)..... Sigefroy n'a iamais esté marié. Le manuscrit dit ces mots *accepit mulierem*, et n'a pas dit *vxorem*.....» Quoi qu'il en soit, pour ce qui concerne Sigefroy, il paraît certain, d'après les historiens de Bretagne, qu'à cette époque les évêques de Vannes, de Quimper, de Rennes et de

en eut plusieurs enfants, qui moururent tous, à l'exception d'un nommé Alberic. Il enrichit ce dernier des dépouilles de la cathédrale et de celles de Saint-Vincent; il lui donna le bourg de la chapelle de Saint-Aubin, qu'il ôta aux chanoines, et les *villages de Sarcé et de Coulongé*, — quelques auteurs écrivent les *églises et les terres de Sarcé et de Coulongé*, — qu'il vola aux moines, sous prétexte d'un contrat de vendition simulé pour la somme de 18 livres de deniers [1], dit le cartulaire; le manuscrit de Saint-Vincent ajoute : « Cet acte portait qu'ils avaient reçu cet argent, et ils n'en virent jamais le premier sou. »

Bondonnet fait remarquer « qu'il faut bien qu'il eût dauantage spolié cette abbaye, puisqu'il y auoit en ce temps là douze religieux; et après que Sigefroy y eût mis la main, ils furent touts écartez qui çà qui là, cherchant leur vie, excepté vn seul prestre qui y demeura pour desservir l'autel; » mais Gervais de Château-du-Loir, évêque du Mans (1036-1055), dans une charte qu'il a faite à l'époque où il était archevêque de Reims, et que D. Mabillon a donnée en partie, nous apprend que,

Nantes *se marièrent;* il en fut de même de bon nombre de curés, dont les femmes prirent le titre de prêtresses. Les conciles firent chasser des autels ces évêques et ces prêtres. (D. Lobineau. *Preuves*, p. 250, 252, etc. — L'abbé Voisin, p. 365.)

[1] C'est-à-dire 10,138 fr. de notre monnaie.

« dans le temps qu'il gouvernait sa première église, de l'avis de ses chanoines et de ses vassaux, il s'était appliqué à rétablir un monastère fondé anciennement en l'honneur des saints martyrs Vincent et Laurent, dans un des faubourgs de la ville du Mans; qu'il y avait remis les moines, avait fait restituer les biens qui lui avaient été ravis, les avait ôtés des mains de ceux qui les retenaient injustement, soit par des échanges, soit en les rachetant, et y avait donné de ses biens patrimoniaux, tant pour l'amour de Dieu que pour le salut de son âme et celui de ses parents. » Il entre ensuite dans le détail des terres qu'il y avait fait restituer: « sçavoir les églises de Sarcé et de Coulongé avec leurs autels, c'est-à-dire les dixmes, les offrandes et tout ce qui en dépend, avec les bois, les terres et leurs cultivateurs, etc. » (*Manusc. de l'abb. de St-Vincent.*)

Dans un acte sans date fait au chapitre de Saint-Vincent en présence de témoins, « G. (Gervais), évêque du Mans, donne à Robert, abbé de Saint-Vincent (vers 1040): 1° l'église de *Meeroly* qui lui payait chaque année 20 sols de cens pour la moitié du moulin de *Thoucia?* 2° l'église ou chapelle de Saint-Remy, près de Tuffé; 3° celle de *Colongé, qui prétendait ne relever que d'elle-même;* 4° et deux parties des offrandes qu'il recevait dans certaines fêtes, etc. »

Enfin, dans une autre pièce, également sans date, Herbert de Milesse, considérant l'énormité de ses péchés, donne à Dieu, aux martyrs Vincent et Laurent, aux bienheureux confesseurs Domnole et Aldric, ainsi qu'aux moines de leur monastère de Saint-Vincent, pour le salut de son âme, celui de son père et de ses autres parents, *toute la terre inculte et arable de Coulongé et de Sarcé, avec la moitié des coliberts*, etc. (*Cart. de St-Vinc. Manusc.*)

L'église de Coulongé qui existe aujourd'hui est du XIe siècle, et bâtie en pierre de taille; « c'est, dit un écrivain moderne, l'une des plus intéressantes du pays, par les sculptures de sa porte occidentale romane, et par les modillons formant frise tout autour de cette église, mais isolés et comme placés au bout de solives qui traverseraient les murs, l'un des caractères le plus certain du style roman secondaire du XIe siècle. »

Les dessins qui sont sur la porte occidentale de l'église de Coulongé, sont des figures grotesques; cependant plusieurs personnes veulent y voir les douze apôtres. Si l'on examine ces figures, il n'est pas permis d'accepter cette version comme vraisemblable, malgré toute la bonne volonté qu'on pourrait y mettre. Au-dessus de cette porte, il y a une sculpture représentant en petit un évêque, peut-être saint Domnole ou saint Lubin; mais ce travail est tellement détérioré par le temps, qu'il est impossible de bien le reconnaître. Les modillons dont il est question plus haut représentent des figures grimaçantes et autres dessins; on remarque aussi quatre portes qui ont été closes ; les trois premières avaient chacune une arcade à cintre surbaissé, et la quatrième était formée d'une arcade à ogive aiguë. La porte placée près du chœur, du côté des Aiguebelles, servait exclusivement aux religieux pour leur entrée et leur sortie de l'église ; personne autre qu'eux n'avait droit d'y passer. A l'intérieur de ce monument, il y a quatre autels : le grand autel, l'autel de la Vierge, celui de saint Sébastien et celui de saint Blaise. On voit aussi une tribune au-dessus de la grande porte romane. Sur l'un des murs de l'église, on lit l'inscription suivante :

« Cy devant gist le corps de defunct M. Thomas Jacob. P. cvré de S.-Gervais en Belin, lequel a fondé la chapelle de la Picquerie pour ses parens. P. l. Pches. qvi seront prêtres, à la charge qvils diront trois messes par semaine en l'église paroisse de *Colongé* aux jours de jeudi, samedi, dimanche et feste de N. D., ils feront la prière dv d. fondatevr à la messe dv dimanche et diront vn Svbvenite sur sa fosse après la d. messe ; les d. chapelains paieront 40 sols par chacvn an av cvré de Colongé povr vn Svbvenite chanté svr la d. fosse par chacvn dimanche après l'eav bénite et trois pintes d'hvile à la fabrice. Item le d. fondatevr a donné devx tvniqves à la d. église recovrc. à la fondation passée. P. M. J. Robinev. not. av. d. S. Gerv. le 30 mai 1617. Le d. Jacob décéda le 17 avril 1619. »

Il y a deux portes derrière le grand autel de l'église de Coulongé : sur l'une, on voit une toile représentant le Christ en pied, ou plutôt Gervais Alton, l'un des curés de cette paroisse; et sur l'autre, un évêque, qu'on croit être saint Domnole. Voici comment Pesche parle de l'un de ces tableaux : « Pendant que Gervais Alton fut curé de Coulongé, il fit peindre sur le panneau de la porte de la sacristie, à droite du chœur de l'église, un tableau représentant l'ascension du Sauveur, dont la figure du Christ était le portrait de lui, Alton; et, par une espèce de jeu de mots, y fit ajouter cette inscription, tirée de l'office de cette fête : *Ascendens Christus in Altum.* » Une autre explication est donnée à ces peintures : on suppose que les portraits d'Alton et de saint Domnole formaient dans l'origine un seul tableau, et, par l'attitude de cet évêque, on pense que l'artiste a voulu représenter saint Domnole montrant le chemin du ciel à Gervais Alton. Laquelle de ces deux versions est la vraie? — Ces peintures sont assez bien conservées.

L'église de Coulongé a besoin de réparations;

son clocher, qui est en flèche, ne renferme qu'une seule cloche.

L'ancien cimetière était autour de l'église ; on voit encore les débris des murs qui l'entouraient, et quelques monuments funèbres ; le nouveau est situé près de la chapelle de saint Hubert.

III

PRESBYTÈRE.

Le presbytère de Coulongé était estimé 700 livres au XVIIIe siècle ; il avait pour présentateurs les religieux de Saint-Vincent, et pour collateur l'évêque du Mans ; sous le régime féodal, il jouissait du droit de fuie et de pêche.

Au XVIe siècle, la cure de Coulongé devait « aux Guebelles une rente perpétuelle, au jour et feste de la Toussaint, de 30 sols pour le *presbytaire*, jardin, cour et issues, prez, es terres; plus le procureur de la *fabrique*, pour les distes choses, doibt 6 deniers de cens à la diste seigneurie ; » enfin, dans un manuscrit du XVIIe siècle, nous voyons que « la cure de *Coullongé* payait tous les ans au roi un impôt de 15 livres 12 sols 4 deniers. »

Les bâtiments du presbytère n'offrent rien de remarquable ; un pavillon octogonal joint la principale construction.

Les documents nous ayant manqué pour composer une liste complète des curés de Coulongé, nous croyons cependant devoir en donner une telle qu'il nous a été possible de la faire :

14.., *Ambroyse* de Marsche.

15.., René Bontemps.

15.., *Jehan* Fresnau.

28 février 1619, *Denys* Roussalde?

24 novembre 1636, Me Gervais Alton.

8 juin 1650, « vénérable et discret messire François Levayer, bachelier en théologie. » L'acte de prise de possession est fait en présence de « vénérable et discret messire René Boisourdy, curé de Sarcé; Nicolas Boisnard, prêtre de Sarcé; Me René Maudet, vicaire de Coullongé; messire Gabriel Paulmier et Julien Javry ou Jarry, notaires des Guebelles de Coullongé. »

16.., Me François Belin.

17 juillet 1695, Guy Videgrain, prêtre du diocèse d'Angers.

3 mai 1696, Videgrain résigne la cure de Coulongé en faveur de Me Pierre Levacher, qui en prend possession le 9 juillet 1696, et, le 12 février 1698, il en permute, du consentement de l'évêque du Mans, avec « reverend Me Froger, curé de Saint-Martin d'Ecommoy. (Acte fait par Moriceau, notaire à Saint-Bié.)

Le sieur Froger étant décédé à la fin de l'année

1697 « le reverend pere abbe de l'abbaye du monastere de Saint-Vincent du Mans presente Me Germain Cousin pour estre cure de Coulonge a Monseigneur Louis de Lavergne Montenard, evesque du Mans.» Le 25 février 1698, Me Cousin en prend possession. A cette cérémonie, nous remarquons « Me Louis de Barbin, sieur de Beauregard, lieutenant de l'élection de Château-du-Loir. »

23 juin 1721, « vénérable et discret Me Germain Cousin remet sa cure de Coulongé entre les mains de R. P. dom Jean-Baptiste Guyon, religieux abbé de l'abbaye de Saint-Vincent, seigneur présentateur de la dite cure; ce dernier présente vénérable et discret Me Guillaume de Veve, prêtre du diocèse de Bayeux; celui-ci en prend possession, et, le 25 septembre suivant, il s'en demet; vénérable et discret Me Louis Grandhomme, prêtre, maître es arts de la faculté d'Angers, demeurant au Château-du-Loir[1], en prend possession le 29

[1] A l'aspect de la place de Château-du-Loir et de sa grande rue, « le voyageur se croirait dans une ville charmante; elle l'est en effet dans ce quartier neuf; le reste n'a que des rues étroites et montueuses, aussi mal bâties que mal percées, et encore plus mal pavées. Quelques parties cependant commencent à se renouveler pour se mettre en harmonie avec le quartier neuf. On distingue deux sociétés à Château-du-Loir (la grande et la petite), quoiqu'il n'y ait qu'une seule caste..... Son territoire, qui s'est montré à nos regards si frais et si riant, par les vallons et les coteaux qui le diversifient, les prairies, les vignobles, n'est pas

du même mois en présence de François Massue, lieutenant-général et procureur du roy au dit Château-du-Loir, Barbin de Beauregard, le curé de Sainte-Cérotte, Me Simon Turgot de Carrigny, Me Pierre de Sarcé, Verité, greffier du Château-du-Loir. »

21 décembre 1752, Jean Grignon, curé de Marsilly au diocèse de Séez.

18 mai 1768, « Jean Grignon se demet de la cure de Coulongé en faveur de Me Louis Moriceau, vicaire de la paroisse d'Aubigné, sous la réserve d'une pension viagère de 300 livres par an; le 14 janvier de l'année suivante, Me Moriceau en prend possession en présence de Me Charles Villays, curé d'Aubigné, Pierre Legay, receveur du château des Aiguebelles, etc. »

6 février 1790, René Hardiau.

18.., Razelière.

1822, Chevet.

1840, Gilbert.

Vicaires : 1636, Pierre Arnoul, Me Mathurin Pommier; 1650, Me René Maudet; 1661, Geay; 1691, René Nouvelière; 1779, Hardiau. (*Div. manusc.*)

moins riche qu'agréable. Il produit en abondance, outre une grande quantité de fourrages, toutes les espèces de grains, de fruits et de légumes; on en vante aussi les marrons, mais ils viennent des campagnes environnantes, non du territoire même; les vins blancs en sont estimés. » (Waysse de Villiers.)

IV

CHAPELLE PRÈS DES AIGUEBELLES.

Une lettre manuscrite de 1225 nous apprend que Maurice, évêque du Mans (1216-1231), concilia un différend qui existait entre l'abbé de Saint-Vincent et Jean, sieur de Coulongé, relativement aux offrandes recueillies dans la chapelle située près des Aiguebelles. Cette pièce est ainsi conçue: « Universis Christi fidelibus presentes litteras inspecturis, Mauricius, Cenom. ecclesie minister indignus, salutem in Domino. Noveritis quod, cum coram nobis, inter abbatem beati Vincentii Cenomanensis, ex una parte, et Johannem personnam de Colungeio, ex altera, super capella fundata apud Aquam Bellam, in parrochia de Colungeio, questio verteretur de assensu et consilio nostro in hunc modum pacis unanimiter devenerunt; quod dicta personna et successores sui omnes oblationes quocumque modo factas in dicta capella percipient tanquam suas et firma 15 sol. cenom. quam dictus abbas in prefata ecclesia percepit; de cetero non poterit augmentari, salvo tamen in omnibus jure parrochiali, nec etiam minui poterit eadem firma, quod ut ratum et stabile perseveret, presentes litteras sigilli nostri munimine fecimus roborari. (*Cart. de St-Vinc.*)

Quelle est cette chapelle?

V

CHAPELLE DE N. D. DE SAINT-RAIMBAULT.

La prestimonie ou chapelle de Saint-Raimbault, ou de la Raimbaudière, ou de la Grande-Maison, a été fondée, le 15 janvier 1578, dans l'église de Coulongé, par Me René Raimbault, prêtre, demeurant à Marigné, et a été dédiée à Notre-Dame. L'acte de fondation en a été fait par *Jehan* Bardet, notaire de la châtellenie de Mayet, demeurant à Verneil. Cette prestimonie a été dotée par René Raimbault « de la Grande-Maison et de ses issues, de 3/4 de quartier de jardin, un *journau* de terre labourable, 3/4 de quartier de vigne au clos de la Colinière, deux quartiers de vigne en diverses portions au clos Robert, un quartier 1/2 de vigne à la Cherbonnellerie, et neuf quartiers de pré et de terre labourable, le tout situé à Coulongé, à la charge par les chapelains de célébrer deux messes par semaine, aux jours de mardi et de samedi; au *Lavabo* de chacune on récitera le psaume *De profundis* avec l'oraison *Pro sacerdote et pro omnibus fidelibus defunctis,* pour le remède de l'âme du dit fondateur, de celles de ses parens et de celles des vénérables abbé et religieux de Saint-Vincent; à la fin des dites messes on fera la recommendation et prière pour le fondateur et les bienfaiteurs de la chapelle. Elle est à la présentation de l'abbé de Saint-Vincent ; les titulaires seront les plus proches parents de René Raimbault ; dans le cas où il n'y en aurait pas qui se destineraient à l'état ecclésiastique, les religieux choisiraient les plus dignes. » Cette chapelle était estimée 50 livres et non 10 livres, comme l'a écrit Le Paige.

La chapelle de Notre-Dame de Saint-Raimbault payait, tous les ans, au roi, un impôt de 48 sols 10 deniers. (*Manusc.* du XVIIe siècle.)

Voici quels furent les titulaires de cette chapelle :

14 juillet 1578, Me Michel Esnault, clerc.

16..., René-Pierre Raimbault.

29 juin 1653, Me *Anthoine* Herissé, clerc tonsuré, demeurant à Coulongé, demande au « vénérable frère Dom Philippe Leroy, religieux profes, prieur claustral de l'abbaye de Saint-Vincent, à estre présenté par lui, comme titulaire de la chapelle de Notre-Dame de Saint-Raimbault, comme plus proche parent du fondateur : qu'il s'est exprès transporté dans la diste abbaye, à quoi frère Leroy a répondu qu'il ne pouvoit ce jourd'hui, à cause qu'il estoit en compagnie, que dailleurs, il ne donneroit pas sitôt la présentation de cette chapelle, ayant quatre mois pour cela, et qu'il vouloit savoir auparavant si Me Raimbault étoit mort; sur quoi Herissé a sommé le frère Leroy, prieur, de lui donner la diste présentation ; le prieur a répondu

qu'il ne pouvoit le faire pour les raisons qu'il avoit distes ci dessus, la quelle réponse Herissé a pris pour un refus, et a protesté. »

9 juillet 1653, « discret Me Gervais Alton, curé de Coulongé et doyen rural d'Oizé, fondé de procuration par Me Claude Letessier, clerc tonsuré, demeurant au Mans, paroisse du Crucifix, prend possession, pour ce dernier, de la chapelle de Notre-Dame ou de la Grande-Maison. » A cette cérémonie, nous remarquons, parmi les assistants, Jacques Boussard, maître chirurgien, Me Gabriel Paumier, sergent royal [1], et René Maudet, vicaire; tous

[1] Quelques gentilshommes du Poitou, de l'Anjou, du Maine et de la Saintonge avaient l'habitude, vers les XVe et XVIe siècles, de noyer dans les fossés de leurs châteaux ou d'assommer les sergents ou huissiers qui se hasardaient à leur porter des assignations.

Nous ne citerons qu'un fait : « Le 12 décembre 1644, l'avocat du roi, Omer Talon, se plaint au parlement de Paris du mauvais traitement qu'avait éprouvé un huissier de la cour, appelé Vacherot, qui, étant allé dans la maison du prévôt de l'hôtel pour remettre un simple exploit à l'abbé de Sourches, frère de Jean II du Bouchet, seigneur de Sourches, chevalier des ordres du roi, grand prévôt de l'hôtel et grand prévôt de France, fut livré à la valetaille, aux pages, aux laquais de cet abbé, qui le rasèrent, le fouettèrent et le maltraitèrent, au point que le parlement ordonna qu'il fût visité par des chirurgiens. » (*Reg. manusc. du parl. de Paris.* — Pesche.)

Les lois anciennes prouvent que les faits de cette nature étaient dans le train ordinaire des choses. Charles VI, « considérant

demeurant à Coulongé. Après la lecture de l'acte de prise de possession, devant la porte de l'église, les sieurs Hérissé père et fils « prétendent avoir

que les sergents et huissiers étoient moult de fois injuriés et villenés, et extrêmement battus, mutilés et nâvrés, et les aucuns morts et occis, » ordonna en 1388, à toutes personnes de leur prêter main-forte lorsqu'ils exerceraient leurs fonctions. Mais cette disposition, plusieurs fois renouvelée depuis, restait toujours sans effet. « Si les sergents veulent aller exécuter ou « faire aucun exploit de justice contre un gentilhomme ou un « autre riche et puissant, dit le commentateur de l'ordonnance « de 1560, ils sont contraints de mener leurs recors de bien loin, « à grands frais, d'autant que les voisins se cachent et n'y osent « aller, de peur d'encourir leur inimitié, d'être battus et inté- « ressés en leurs biens. »

« Cette classe était si malheureuse et si méprisée qu'elle ne pouvait se recruter que parmi les individus incapables de gagner leur vie autrement. Au xve siècle, et même au xvie, ils étaient encore, en grand nombre, complétement illettrés.

« Les états généraux de 1484 exprimèrent, dans leurs cahiers, le vœu que l'on ne pût être reçu huissier sans savoir lire et écrire; modeste degré d'instruction rendu obligatoire par un édit de l'année suivante pour la prévôté de Paris, et le 4 octobre 1550, par une décision du parlement de la même ville. Enfin l'ordonnance de Roussillon (1563), applicable à tout le royaume, se borna à exiger qu'ils sussent écrire leur nom. Notons que, pendant longtemps, il ne fut pas indispensable de savoir écrire pour exercer le métier, les significations pouvant se faire de vive voix ; et c'est ce qui explique ce brocard du jurisconsulte Rebuffi : « Cette lie du peuple n'est ordonnée que pour servir de « *va-lui-dire.* » (*Mag. pitt.*)

droit de présentation à la diste chapelle, s'opposent et protestent contre ce qui a été fait. » Le 24 septembre suivant « Me Christophe Thermeau, prêtre à Champagné, s'est transporté à l'abbaye de Saint-Vincent, et parlant à Dom Jean-Baptiste Godefroy, abbé, il l'a prié de le présenter comme titulaire de la chapelle de Notre-Dame de la Raimbaudière, comme étant le plus proche parent du fondateur. Le R. P. lui a répondu qu'il ne le pouvoit, parce qu'il y avoit pourvu; le sieur Thermeau a déclaré protester contre la nomination qui avoit été faite. » Deux jours après « Jean Raimbault, clerc tonsuré, assisté de Anselme Raimbault, son père, demeurant à Mansigné, requière Baptiste Godefroy, prieur, prêtre profes, abbé de Saint-Vincent, de conférer à l'un d'eux, Jean Raimbault, la prestimonie ou chapelle de Notre-Dame, comme étant le plus proche parent du fondateur; le prieur a répondu y avoir pourvu et nommé Letessier, se disant lignager. » Les sieurs Raimbault ont aussi protesté contre cet acte.

21 mars 1655, « Me René Bihoreau, prêtre du diocèse du Mans, demeurant à Saint-Jean de la Motte, s'est adressé à R. P. Jean-Baptiste Godefroy, abbé de l'abbaye de Saint-Vincent du Mans, congrégation de Saint-Maur, ordre de Saint-Benoit, lui a dict et déclaré qu'il est descendu de la ligne de Thomas Raimbault, frère germain de deffunct

Me René Raimbault, prêtre, fondateur d'une chapelle dans l'église de Coulongé, laquelle présentation, par l'acte de fondation, appartient au R. P. abbé religieux de l'abbaye, à la charge par lui de la donner au plus proche parent du fondateur, ou, à défaut de prêtre, au plus proche parent, clerc, de la famille Raimbault; laquelle chapelle étant vacante par le décès du dernier titulaire, René Bihoreau requiert le dist abbé de le présenter comme le plus proche parent de la famille du fondateur; le père abbé fait *responce* avoir pourvu à la chapelle de Notre-Dame, et refuse la présentation. »

14 mars 1691, « Me Charles Bruneau, clerc tonsuré du diocèse du Mans, est pourvu de la chapelle de la Raimbaudière[1], desservie en l'église de Coulongé et dédiée à la bienheureuse Vierge Marie, par suite de la démission de Claude Letessier. » Julien Jarry, notaire des *Guebelles*, assiste à l'acte de prise de possession qui en est dressé.

[1] On lit dans le *Pouillé du Mans :* « Chapelle de Notre-Dame de la Raimbaudière ou de la Grande-Maison, fondée le 15 janvier 1578, par René Raimbault, prêtre, demeurant à Marigné, et décrétée le 10 may même année. A la présentation des abbé et religieux de Saint-Vincent; doit être conférée au plus proche parent du fondateur, prêtre. Revenu, 50 livres provenant d'un journal de terre, de 6 quartiers 1/2 de vigne, avec 3 mauvais prés ou pâtures, maison et jardin au bourg de Coulongé; chargée de 2 messes par semaine, réduites à une seule; doit une rente de 15 sols aux Aiguebelles. »

15 décembre 1709, « Me Gabriel Thuandière, acolyte du diocèse du Mans, résidant à Paris, est nommé chapelain de la prestimonie ditte Raimbault, par suite de la résignation qu'en a faite Me Charles Bruneau, prêtre, curé de Poillé. » (Acte fait par Joseph Dupont, licencié ès lois, notaire à Foulletourte, paroisse de Cerans, en présence de Jean Rouillard, notaire de la *châtellenie des Guebelles*, etc.)

8 novembre 1721, « vénérable et discret Me Gabriel Thuandière, prêtre, curé de Soulitré, se demet de la chapelle ou prestimonie de la Raimbaudière ; » il est remplacé, le 23 novembre même année, par Me Jacques Jarry, demeurant au Mans, paroisse de Saint-Pierre.

15 octobre 1770, Me Julien Nerbrun, clerc tonsuré du diocèse du Mans. (*Insin. ecclés. Manusc.*)

La chapelle de la Raimbaudière n'existe plus.

VI

CHAPELLE DE N. D. DE LA PIQUERIE.

La prestimonie ou chapelle de Notre-Dame de la Piquerie a été fondée dans l'église de Coulongé, le 30 mai 1617, par messire Thomas Jacob, curé de Saint-Gervais-en-Belin, et dotée d'une maison, d'un jardin, de la métairie de la Piquerie et de cinq *quartiers* de vigne sis au clos de Salpointe en

Coulongé, à la charge par les chapelains : 1° de dire trois messes par semaine, les jeudi, samedi, dimanche et fête de Notre-Dame ; 2° de faire une prière le dimanche à son intention, et de chanter un *Subvenite* sur sa tombe, après sa mort ; 3° de payer tous les ans 40 sols au curé de Coulongé, et trois pintes d'huile à la fabrique. En fondant cette prestimonie, Thomas Jacob avait donné deux tuniques à l'église de Coulongé. (*Voyez* ÉGLISE.)

Au XVIIIe siècle, la prestimonie de la Piquerie était estimée 180 livres, et était à la présentation des religieux de l'abbaye de Saint-Vincent du Mans.

Voici la liste des titulaires de la chapelle de Notre-Dame de la Piquerie :

20 novembre 1661, « vénérable et discret Me François Voisin, prêtre, vicaire de Champaigné lès le Mans. »

19 février 1686, « Me *Anthoyne* Fournier, prêtre du diocèse du Mans, paroisse du Grand-Saint-Pierre, gradué de l'université de Paris, chapelain de la chapelle de Saint-Martin, desservie en l'église du Mans. »

Septembre 1686, René Hervé, clerc du diocèse du Mans.

23 juin 1695, Joseph Moriceau, clerc tonsuré du diocèse d'Angers, demeurant à Aubigné.

25 mars 1696, Me Pothier, vicaire au Lude.

28 mai 1696, Me Daneau, prêtre. L'acte de prise

de possession fut contrôlé à Mayet, par Daupterre, le 30 juin suivant.

16.., Louis Joreau.

26 décembre 1699, Charles Letessier. (L'acte de prise de possession fut dressé par Julien Leluau, notaire à Sarcé, et contrôlé à Mayet, le 29 décembre.)

23 mars 1715, Guy Letessier, clerc tonsuré du diocèse d'Angers, demeurant ordinairement à la Flèche. (Acte dressé par Leluau, notaire à Sarcé.)

10 août 1771, messire François-Gaspard-Marie Averty, clerc tonsuré du diocèse d'Angers, demeurant à la Flèche. (*Insin. ecclés. Manusc.*)

La chapelle de Notre-Dame de la Piquerie n'existe plus depuis 1790.

VII

CHAPELLE DE SAINT-HUBERT.

Nous ne connaissons ni le fondateur ni l'époque de la construction de la chapelle de Saint-Hubert, qui sert encore au culte. Elle est bâtie sur une fontaine dont les eaux alimentent les douves du presbytère; quelques personnes supposent que ces eaux viennent des environs, par des canaux souterrains; mais, jusqu'à présent, ce n'est là qu'une hypothèse.

VIII

PRESTIMONIE DES RIVIÈRES.

Pesche, dans son *Dictionnaire statistique*, indique une prestimonie au lieu des Rivières, paroisse de Coulongé, mais n'en fait connaître ni le fondateur, ni l'époque de la construction, ni le présentateur, ni le revenu. Selon nous, cette chapelle n'a jamais existé.

IX

CHATEAU DES AIGUEBELLES.

Nous avons vu précédemment qu'il y avait autrefois un domaine appelé du nom primitif de la paroisse de Coulongé, c'est-à-dire Canon, Chanon, Chenon, et, plus tard, Colongé, Coulongé ; que le legs fait de cette terre à l'abbaye de Saint-Vincent par saint Domnole, consistait « en champs, forêts, prairies, pâturages, eaux, cours d'eau, et les colons qui l'habitaient. » Ce manoir ne pouvait être situé qu'au lieu où est actuellement bâtie la maison des Aiguebelles ; en effet, on y retrouve encore ce qu'on y remarquait à cette époque : « champs, prairies, pâturages, eaux et cours d'eau, » et, dans aucune autre partie de cette commune, il n'existe de propriété qui réunisse toutes ces conditions, surtout « *eaux et cours d'eau.* » Le ruisseau qui l'arrosait et qui l'arrose encore a pris le nom de Canon, Chanon, Chenon, et l'a conservé jusqu'à ce jour.

La seigneurie de *Canon* fut plus tard appelée la Châtellenie des *Guebelles*, puis *Eguebelles, Eiguebelles, Eyguebelles, Esguebelles, Aigues-Belles, Desguebelles*, et maintenant Aiguebelles. Plusieurs historiens prétendent que ce nom lui a été donné à cause de ses belles eaux ; nous ne savons comment elles étaient à cette époque, mais nous pouvons assurer qu'à présent elles ressemblent à beaucoup d'autres.

Quoi qu'il en soit, il y a plus de six cents ans que le nom d'Aiguebelles a été donné à cette terre. On lit, dans une vente datée de 1262, que Robert *de Cheveigneio, miles,* a cédé, avec garantie de droit, aux religieux, à l'abbé et à la congrégation de Saint-Vincent du Mans, cinq sols mançais annuels et perpétuels sur ses portions de terre situées devant la porte des dits religieux des Aiguebelles[1] (Aquabella) dans la paroisse de *Colongé* (Colungeio), et qu'il tient des chanoines ; cette vente est faite moyennant 30 sols mançais que Robert *de Cheveigneio* reconnaît avoir reçus ; il s'oblige à payer

[1] D'AIGUEBELLE. Il y a une famille noble de ce nom dans le Dauphiné ; elle porte pour armes : De gueules au griffon d'or couronné de même, la queue passée entre les jambes, retroussée sur le dos. Quelques branches portent : D'or au lion de sable.

chaque année, le lendemain de la Saint-Martin d'hiver, la somme énoncée plus haut.

Jean Hermenjarde de Sarcé vend, en 1262, le jour de mars, après la Nativité de la bienheureuse Marie, au Père Raginald, abbé de Saint-Vincent du Mans, un *sextarium* de froment et un denier mançais de revenu à prendre sur un pré proche les Aiguebelles, moyennant 30 sols mançais.

Par une sentence de 1266, *Gaufridus de Ruisellis*, de la paroisse de Requeil, reconnaît devoir aux religieux, à l'abbé, à la congrégation de Saint-Vincent du Mans, une rente annuelle et perpétuelle de 4 sols mançais assise sur le pré de la *Faine?* qu'il possède, paroisse de ce nom, auprès des prairies *Garini Cherel*, pour une charretée de foin que ses prédécesseurs, lesdits Godefroy, ont donnée en aumône aux religieux, ainsi que le sieur *Gaufridus de Ruisellis* l'a déclaré; lesquels deniers il a promis payer tous les ans, à la fête de la Toussaint, aux moines de Saint-Vincent, ou à leur ordre, dans leur demeure d'*Aquabella;* et pour la garantie de cette rente *il engage « ses héritiers ? »* et tous ses biens mobiliers et immobiliers, etc. (*Cart. de St-Vinc.*)

On lit encore, dans le manuscrit d'un inventaire fait, au XVIe siècle, des chartes, aveux, etc., découverts dans la grosse tour du château du Mans et dans la chambre des *comptes*, le passage suivant: « Ladveu et denombrement des religieux et abbe et couvent de St-Vincent près le Mans pour leur seigneurie des *Guebelles*, mouvant de Chasteau du Loir a cause de Mayet et scelle de deux de leurs sceaux, dont lun est cheut, le 24e jour de may lan 1402. »

L'ancien manoir des Aiguebelles, qui avait des tourelles, a été détruit; il n'en reste plus qu'un colombier et l'appartement qui formait jadis la chapelle dédiée à sainte Barbe; elle était à la présentation du seigneur abbé de Saint-Vincent, et était estimée 100 livres au XVIIIe siècle.

Depuis le VIe siècle, époque ou saint Domnole donna cette terre aux moines de Saint-Vincent, jusqu'à la Révolution, elle est toujours restée entre leurs mains, excepté au commencement du IXe siècle et sous Sigefroy; mais les évêques Robert et Gervais la leur firent restituer, comme nous l'avons mentionné aux chapitres I et II. Elle fut vendue par les administrateurs du directoire du district de Château-du-Loir, le 29 mars 1791, à Levayer de Paris; le 23 juillet même année, à Bonhomet, aussi de Paris; le 3 août 1792, à Laperrière, également de Paris; le 23 avril 1799, à Lorieux; puis elle passa aux mains de Lherbette, du Lude; enfin M. le comte Colomb de Battine en est propriétaire depuis le 30 mars 1828.

La maison des Aiguebelles, à laquelle on arrive par une avenue bordée de peupliers, est assez bien bâtie, quoiqu'elle n'offre rien de remarquable; elle est dans une jolie situation et entourée de belles et riches campagnes. Afin de bien faire connaître l'importance de cette seigneurie sous le régime féodal, nous croyons devoir donner presque en entier un manuscrit dont les écrivains du Maine auraient fait très-vraisemblablement des citations, s'ils l'avaient connu; il contient tous les droits assis sur cette terre, les revenus qu'elle produisait, le prix des bestiaux, des grains, et ce que les religieux de Saint-Vincent payaient aux journaliers au XVIe siècle.

Voici cette pièce :

Comptes renduz a reverent pere en Dieu, messire Benoist Boulengier, humble abbe du monastere et abbaye de St-Vincent les le Mans et a frere Bemont Dupont, Jehan Goyet et Gervais Villenecte, tous prestres, seigneurs religieux deputez quant a ce des receptes ordinaires et myses par moy faictes, Jacques Lusson, prestre, recepveur de la terre et seigneurie Desguebelles, membre deppendant de la dicte abbaye de St Vincent pour ung an entier commenczant le jour et feste de M. Saint Jehan-Baptiste lan 1538, y celuy jour iceluy et comprins et finissant au jour lan revolu 1539, le dict jour exclus, avecques la declaration des droits seigneuriaux et preeminences appartenant aux susdict abbe et couvent a cause de la dicte terre et seigneurie faicte jouxte les adveuz et declarations rendues aux seigneurs et barons de Chasteau du Loir a cause de leur chastellenie de Mayet dont ils tiennent leurs dictes terre et seigneurie.

1. — *Sensuit la declaration des droits seigneuriaux.*

« Les dictz abbe et couvent ont leur d. fief et seigneurie estendut situee tout en ung tenant au dedans de fins et mettes des paroisses de Coulonge et de Sarce. Lesquels fiefs et seigneurie sont marchees abournees par bout et coustez avecque bournes anciennes.

« A raison de quoy ont droit de justice hault, basse et moyenne et tout ce que en depend et peut deppendre par la coutume du pays.

« *Item.* Scaulx et constractz, mesure a bledz et a vin, lesquelles ils prennent de la dicte chastellenye de Mayet, pour bailler a leurs subjetz, espave et coustume voyries et justice.

« *It.* Cepz et colliers est d. bourgs de Coullonge et Sarce et gibet a 2 piliers pour pugnir les malfaiteurs.

« *It.* Quant il eschait, aucun laron, ou malfaiteur estre prins et apprehender en leur dicte terre leurs officiers le peuvent prandre, mestre au cep ou autre prison, selon lexigence du cas, et le garder ung jour et une nuyt, si bon leur semble, et puis le rendre aux officiers du d. Mayet, lesquelz doibvent enquerir et faire son proces sur les cas pour lesquelz il avoit este prins et juger, et luy juger doibt estre rendu aux officiers de la dicte terre et seigneuries Desguebelles, pour le faire executer aux fourches et gibet dicelles terres et seigneuries.

« *It.* Ont droit davoir pau en la dicte terre et seigneurie pour faire coure la quintayne par leur hommage ci apres declaree.

« *It.* Et oultre ont droit les dicts abbes et couvent a cause de leurs terres de *chasse* et *tezsures* a toutes bestes tant rouges, rousses que noyres ainsi que toutes manieres de fillez.

« *It.* Ont droit de foyre au d. bourg de Sarce le jour et feste de S. Laurent, et droit de prendre sur les d. marchands estallant en y celle les estallages, confiscations et coustumes, selon la coustume du pays[1].

[1] « Les coutumes féodales, dit M. Granier de Cassagnac, sont pleines d'obligations ridicules imposées aux serfs, comme de battre l'eau des fossés d'un château, afin que les grenouilles n'empêchent pas le seigneur de dormir; comme de porter au seigneur, à certain jour de l'année, une alouette sur un char traîné par six bœufs. Les moines d'un couvent bâti près du château de Rochechouart ne pouvaient descendre la rivière sur une barque, sans s'arrêter pour aller rendre visite au seigneur, précédés d'un joueur de flûte. Il est vrai que le flûteur et ses compagnons étaient reçus par le seigneur du château, qui leur faisait servir un bon dîner.

« Les chercheurs de scandale, qui ont pris à tâche de vouer au mépris les institutions du passé, ne se sont pas bornés à noter, à exagérer et à blâmer ces droits aux redevances ridicules. Ils ont supposé en beaucoup de contrées que le droit du seigneur allait jusqu'à l'attentat le plus odieux contre les

II. — *Sensuit les foys et hommages deuz a cause et par raison de la dicte terre et seigneurie.*

« Le seigneur de la Faigne doibt foy et hommage de 15 sols de service pour raison dune maison, jardin et appartenances sis devant leglise de Coulonge et pour la moitie de la dixmerye de bledz et vins de la dicte paroisse pour ce service 15 sols.

« *It.* Le seigneur de la Picquerye doibt foy et hommage et ung quintayne a courre au pan a ce estably deument a lui *semonce* la vie de chacun abbe de la d. abbaye pour raison de son lieu et appartenance de la Picquerye et 18 deniers de service.

« *It.* Le dict seigneur, pour les choses heritaux que son deffunt pere acquit de feu Gervais Vaugre doibt 6 deniers de service au jour de Toussaint.

« *It.* Le seigneur de la Bonhourdiere, pour le lieu de la Bonhourdiere, doibt foy et hommage au jour de S. Jehan-Baptiste et 12 deniers de service ainsi que appert par ladveu rendu.

« Bezard Gendrye doibt foy et hommage et une

mœurs. M. Veuillot, dans un ouvrage, *du Droit du seigneur*, a châtié avec rudesse ces faux érudits, ces historiens menteurs, ces colporteurs de chartes imaginaires et de textes apocryphes, enfin toute cette race d'écrivains copiant leurs livres, et les copiant de travers. » (*Constitutionnel* du 20 septembre 1854.)

quintayne pour le lieu et appartenance de la Gillotiere et 16 deniers de service au jour et feste de Nostre Dame Angevynne.

« Les hoirs de feu Denys Guyton doibvent 3 sols de service au jour et feste de la Nativite de Nostre Dame pour le lieu de Fasse ainsi qui appert et par ladveu rendu par deffunt Jehan Guyton.

« Guyon Fournier et ses frarescheurs (frères et sœurs) doibvent ung quintayne [1] et 2 sols de service au jour de la Nativite de Nostre Dame pour le lieu de Fougerolles.

« Les hoirs feu messire Charles Guischard, doibvent ung quintayne pour certaines vignes quils tiennent au lieu des Rygauldieres et outre doibvent ung denier requerrable au seig. de la Tuffiere au jour de S. Denis, ainsi quil appert par ladveu rendu par le

[1] Les archives du Lude ont conservé un titre du XIVe siècle, qui fait connaître les obligations du bailli et des habitants, lorsque le seigneur venait en son château; dans cette pièce nous remarquons ce passage : « ... Et doit aler semondre les bourgeois de faire la taille, lui ou son sergent, les prévauts ou leurs commandemens, d'aler cueilir la taille, et doit aler o eulx et doit garder les prinsons et pendre les larrons ou faire pendre et couper les pieds ou les oreilles, et semondre les quintaines (pieu servant de but pour les courses à la lance), et tailler les mesures à vin de la ville et de la châtellenie. » (*Rech. hist. sur l'Anjou.* — Pesche.)

« Je vis avant de quitter Nantes, dit l'auteur d'un *Voyage au commencement du* XVIIIe *siècle*, tirer la quintaine de l'évêque.....

deffunt messire Charles Guischard et *despie* de fief pour ce 1 quintayne.

« Les hoirs feu Jehan Roullant doibvent ung quintaine pour certaines vignes sise es Rigauldiere, outre doibvent 5 sols au dict seigneur de la Tuffiere au jour de S. Denis, ainsi qu'il appert par ladveu rendu par le d. Jehan Roulland pour ce ung quintayne.

« Les hoirs feu messire Anthoine Bezard doibvent ung quintaine pour certaines vignes sises es Rigauldiere, ainsi quil appert et par ladveu rendu et le dict S[r] Bezard et par *despie* de fief pour ce ung quintayne.

« Les hoirs de feu Guyon Bouttevyn et les hoirs feu Jehan Poussin doibvent 8 sols de service au jour de Toussaint pour les choses contenues en ladveu rendu par le dict Bouttevyn et ung quintayne.

« Les hoirs feu Symon Fortier doibvent 8 sols de

Les jeunes mariés de l'année sont tenus, à certaine époque, de venir briser une lance en bois contre un poteau à leur seigneur; et, s'ils manquent, les assistants ne se font pas faute d'en faire des gorges chaudes et de rire de tout leur soûl. En général, la quintaine se tire à cheval, en trois courses, dans chacune desquelles on frappe de la lance contre le poteau du seigneur. Quant à celle de l'évêque, elle se tire en bateau, et c'est ma foi un divertissement fort agréable que les vassaux procurent ainsi, non-seulement à Monseigneur, mais encore à eux-mêmes et aux étrangers. » (*Magasin pitt.*)

service et par chacun an au jour de S. Martin dyver pour certaines choses sises au bourg de Sarce, ainsi que appert par ladveu rendu par le dict Symon Fortier.

« Demoyselle Marthe de Beif, dame de Genevraye, veuve de deffunt noble homme Geoffroy de Chemens, doibt au terme de S. Jehan-Baptiste 2 deniers de franc devoir pour certaines vignes quelle tient de es Rottinnieres, ainsi que appert par appointement fait avec mes d. S^r et la d. d^elle et par declaration rendue par elle.

III. — *Recepte des cens perpetuelz deuz au jour et feste de monseigneur S. Jehan-Baptiste par moy sus dict recepveur en l'an de ce present compte receue.*

« Jehan Dupin et Pierre Lemercier et autres, leurs coheritiers enffans de deffunt Marce en son vivant femme de Robbin Boulliau, doibvent au jour de S. Jehan-Baptiste, pour raison de 2 journaux de terre sis pres le Bosquet du grand estang du lieu Desguebelles, pour ce receue cens 4 deniers.

« Messire Jehan Lefranc, cure de Juille, pour ung quartier 1/2 de vigne quil a acquit des hoirs feu Andre et Mace les Chevaux sise en Breslon le clos du Vau doibt cens 6 deniers.

« Loys Hue et Jehan Nanayre et Estienne Le Bouc, a cause de leurs femmes doibvent pour rayson du lieu et appartenances de la Brosse et autres choses, cens 4 sols.

« Gacian et Rene les Herisson et autres frarescheurs, enffans de deffunt Jehan Herisson, doibvent pour le lieu et appartenances de la Texcerie, cens 18 deniers.

« Jehan Bansart, pour sa maison sise au bourg de Coulonge, doibt cens 12 deniers.

« Symon et Jehan les Fronteaux et les hoirs feu Mathurin et Guillaume les Bosses doibvent, pour les lieux et appartenances de la Marchandiere et Varennes, 2 sols 6 deniers pour ce receue cens.

« Rene Herisson et les hoirs feu Pierre Herisson doibvent, pour ung cave et appartenances dicelle, cens 12 deniers.

« Jehan et Guillaume les Moreaux et autres leurs freres et sœurs doibvent 4 sols 6 deniers pour leur lieu et appartenance de la Richerye.

« Pierre Marquet et les hoirs feu Loys Bonsergent, pour raison du lieu et appartenance de la Houssaye, doibvent 20 deniers de cens.

« Jehan Belledant et Mahette, femme de deffunt Collas Jurennille, doibvent, pour 2 quartiers de vigne sis au lieu de Chassegoute, cens 2 deniers.

« La ve du dict Jurennille, pour 1 maison sise au bourg de Coulonge et pour 2 journaulx de terre sis pres la dicte maison et pour certaines vignes sises au clos de Chassegoutte quelles choses lui sont eschues en moutie par la mort et trespas de deffunt mess. Lucas Balut son frere et lautre moutie lui a este fait bailler par messieurs (abbés de St. Vincent) en temps que la dicte montie leur estant eschue par faute que le deffunt Lucas navoit aucun heritier du couste de son pere pour ce doibt la veusve, 6 deniers de cens.

« Jehan et Andre les Gareaux et autres, leurs freres et sceurs (sœurs) enffants de deffunt Olivier Gareau, pour raison de leur lieu et appartenance de Lesguebellerye, doibvent 6 deniers de cens.

« Les espoux feu Guillaume Foyer, Thomas Foyer et les hoirs feu Mathurin Cartereau doibvent, pour le lieu et appartenances de la Charbonnellerye, 2 sols 6 deniers de cens.

« Messire Jehan Lefranc, cure de Juille, pour raison du lieu et appartenance de la Charnellerye quil a eu par acquest de Guyon Fournier et Jehan le Moulnier heritier de deffunt Julian Rideau doibt au jour de S. Jehan-Baptiste 3 deniers de cens.

« Mathurin Chevalier, pour raison du lieu et appartenance de Pepineau, doibt 6 deniers.

« Le dict Chevalier au lieu des hoirs feu Symon Barrier doibt pour les terres appelees Faultereau 12 deniers de cens.

« Le Sr de la Picquerie, pour raison des choses qui furent a Guillaume Genault, doibt 12 deniers.

« Le dict Sr, sur les vignes sises a Sallepoincte, doibt 18 deniers.

« Le dict S[r] pour ung journal de terre sis soulz Sallepoincte, doibt au d. jour S. Jehan-Baptiste, ung denier.

« Le dict sieur, en lacquit de feu Vincent Gareau, doibt, pour 1 journal de terre sis pres la Gistardiere, 4 deniers de cens.

« Le dict seigneur, a la descharge des hoirs feu Franczoys du Fresne, doibt 5 deniers.

« Le dict seigneur doibt pour une piece de terre appele le Perray sise sur la Picquerye 1 denier de cens.

« Le dict seigneur, en lacquit des hoirs feu Collin Fournier, doibt 2 deniers obolle de cens.

« Damoiselle Anne Beuschier doibt pour raison du lieu et appartenance de la Picquetrye, 19 deniers de cens.

« Les hoirs feu Celerin Guyton, pour 2 journaux de terre et bruere sis en deux pieces, doibvent 2 deniers de cens.

« Mathurin Chevalier, au lieu de Jehan Faultras, doibt pour 2 quartiers de vigne sis au lieu appele La Guinaulde, cens, 7 deniers.

« Les hoirs feu messire Mace Touppin prestre et les hoirs feu Jehan Brahier et damoiselle Anne Beuscher, pour leur vigne sise au clos de la Guynaulde, doibvent cens 7 deniers.

« Les hoirs feu Jehan Soret et Jullian Bougard, Pierre Guyton et les hoirs feu Denis Guyton et autres leurs frarescheurs doibvent, pour le lieu et appartenance des Maisons Rouges, cens 12 deniers.

« Les hoirs feu Jehan Guyton de Fosse qui sont Pierre Guyton et les hoirs feu Denys Guyton et autres leurs frarescheurs doibvent, pour le lieu et appartenances de Laubriere, 6 deniers de cens.

« Les hoirs feu Mace Langloys et feu Denis Bougart, pour raison du lieu et appartenances du Vaurobert, doibvent 16 deniers de cens.

« Les hoirs feu Jullian Riddeau qui sont Guyon Fournier et Jehan le Moulnier doibvent, pour raison du lieu et appartenance de Fougerolles autrement les Rischerys, 4 solz de cens.

« Les hoirs du dict Riddeau doibvent, pour la cave appelee la cave Beaudet contenant ung journal de terre ou environ doibvent 1 denier de cens.

« Jullian Agne, pour 1 piece de terre sise sur Sallepointe qui fut du lieu et appartenance de Grignon, doibt cens 6 deniers.

« Les hoirs de deffunt Me Guillaume Villays, pour le lieu appele Laistre Grignon, doibvent 6 deniers de cens; pour leur lieu de Texcerie, 2 deniers de cens.

« Les hoirs feu Collin Fournier, pour raison de leur mestayrie des Hayes, doibvent 9 solz 3 deniers de cens.

« Les hoirs feu Jehan et Guillaume les Picoulleaux doibvent, pour leur lieu et appartenance des Hayes, 12 deniers tournois de cens.

« Les enffans feu Fierre Gogne du Lude, a cause de leur deffuncte mer, fille de deffuncte Francoys du Fresne, doibvent pour raison de leur lieu appele les Hayes de Sarce, 11 solz 3 deniers pour sens.

« Les hoirs feu Vincent Garreau qui est Rene Joubert et Ambroise Daguyn pour 1 cave et appartenance dicelle, sis es Hayes de Sarce, doibvent 5 solz 6 deniers de sens.

« Les hoirs feu Jehan Guyton de Sarce, qui est Rene Guyton pour sa mayson qui fut *Prosthesin* Chaligne doibt 7 deniers de cens.

« Les hoirs feu messire Charles Guychard, prestre doibvent pour 1 cave et jardin qui furent a Jehan Challon, 7 deniers de cens.

« Les dicts hoirs Pin, pour 1 quartier de vigne sis en Malestroit, doibt 12 deniers de cens.

« Les hoirs feu Jehan Rongebert, pour raison dune maison sise au bourg de Sarce, doibvent 6 deniers de cens.

« Le cure de Sarce, pour son presbytaire et jardin, doibt 7 solz 6 deniers de cens.

« Le dict cure, pour 1 piece de terre qui fut feu Prosthesin Chaligne doibt 12 deniers de cens.

« Messire Rene Vedys, prestre pour sa maison et jardin sise au bourg de Sarce qui fut Prosthesin Chaligne, doibt 8 deniers de cens.

« Le dict Vedys, pour ung autre jardin joignant au dessus du dict, doibt 21 deniers de cens.

« Les hoirs feu Pierre Guichard, pour leur grande maison sise au bourg de Sarce, doibvent 6 solz 4 deniers de cens.

« Les hoirs feu messire Anthoyne Bezard, prestre, pour la maison et jardin avec larpentiz joignant y celle maison sise au bourg de Sarce, doibvent 6 deniers de cens.

« La veusve et hoirs feu Mace Vanhuon, pour leur maison sise au bourg de Sarce, doibvent 2 sols 5 deniers de cens.

« Les hoirs feu Mathurin Barbier et la Buynelle, pour leur maison et jardin sis au bourg de Sarce doibvent 15 deniers de cens.

« La fabrique de Sarce, pour les choses sus dictes au fief des Esguebelles, doibt cens 2 deniers obolle.

« Rene et les hoirs feu Mathurin les Boullaiz, pour leurs choses des Tuffieres, doibvent 7 solz 6 deniers de cens.

« Les dicts Boullaiz, pour leurs choses des Perdrieres, doibvent pour cens 4 deniers.

« Les dicts Boullayz, pour leurs choses des Rigauldieres doibvent 25 solz 4 deniers de cens.

« Les dicts Boullayz et Jehan Bezard Genderye, pour leurs choses des Perdriere, doibvent cens 6 solz.

« Lucas Berault a cause de sa femme, auparavant femme de feu Jehan Bellenger, *alias* de la Riche, les enffans du dict de la Riche, pour 4 quartiers de vigne sis es Rigauldiere, doibvent cens 12 deniers.

« Les dicts Berault et enffans susdistz, pour leur lieu et appartenances du petit Fasse et pour 1/2 journal de terre sis davant le dict lieu, doibvent cens 3 solz 3 deniers.

« Rene Felippes, pour ung loppin de terre sis davant leglise de Sarce, doibt ung denier de cens.

« Les hoirs feu Jehan Honguer pour leurs choses de la Championniere, doibvent cens 22 deniers.

« Rene Boullay, en lacquit de Masthurin Chevalier, pour 1 piece de terre sise pres les Fougerolles appelee la Berserye, doibt 3 deniers de cens.

« Les hoirs feu Jehan Duvau et les parens et hoirs Hylaire Duvau, pour leurs choses de la Championniere, doibvent de cens 3 sols 1 denier.

« Les dicts hoirs en descharge de Michel Esnault et Hardouyn Alloyau, pour 3 quartiers de vigne lun sis a la Herissez et les deux aultres appelez Aulbues sis pres les Langtiers quils ont acquis de feu Jehan Parent, doibvent cens 9 deniers.

« Alexandre Bourgery doibt 12 deniers pour 2 quartiers de vigne coustant (cotoyant) les dictes vignes aux Honguets.

« Le dict Bourgery, pour 2 autres quartiers de terre et vigne sis pres les dessus dict joignant aux choses Julian Landays et lautre aux vignes des Esnault et des Parent, doibvent 2 deniers de cens.

« Bertrand du Vau au lieu des epoux feu messire Jehan le Seneschal et Guillaume Challon, pour

12 quartiers de vigne sis au clos des Herissez doibvent 8 deniers de cens.

« Les hoirs feu messire Guill. Belin, pour 1 petit quartier de vigne sis au clos des Herissez doibt a ce terme 20 deniers de cens.

« Messire Jehan Lefranc, pour 3 quartiers de vigne sis au dict clous doibt 8 deniers de cens.

« Les hoirs feu Jehan Guybonnet et les enffans de feu Gervays le Fauscheux doibvent 2 solz 4 deniers de cens pour les lieux et appartenances de la Sauvagere.

« Les dicts hoirs feu Jehan Guybonnet et les hoirs feu Guill. Landays, pour le lieu et appart. (appartenance) de la Butonniere et pour le bois de Deffay, doibvent 25 solz.

« Messire Jehan Lefranc, cure de Juille, pour 2 quartiers de vigne sis en Raciquot quil a acquit de deffunt Michel Moreau, doibt 1 denier de cens.

« Messire Francoys Haurays, pour ung piece de terre appelee la Chesnaye, autrement les Trays quil acquist dud. deffunct Michel Moreau, doibt 4 deniers de cens.

« Les hoirs feu Guill. Landays, pour le lieu et appartenances de la Babunieres, doibvent 19 deniers obolle de cens.

« Les hoirs feu Guill. Joubert, pour 2 quartiers de vigne sis es Pillorgie, doibvent 4 deniers de cens.

« Les dicts hoirs pour le lieu et appart. du Genetay doibvent 10 deniers de cens.

« Adrian Hurson et les hoirs feu Mathurin de la Fousse et les hoirs feu Mathurin Godeffroy dist le Marchant doibvent 2 deniers de cens pour la terre de la Blanchetiere.

« La veusve et hoirs feu Pierre Guyart, pour leur bordage sis pres Fontayne Girault, doibvent 4 deniers de cens.

« La veusve et hoirs feu Pierre Collas, pour leur mais^n. (maison) sise au bourg de Coulonge et pour certaines autres choses comprises en leur baillee, doibvent cens 12 deniers.

« Messire Marc Touppin, pour ung petit loppin de terre sis au bourg de Coulonge davant la maison du seigneur de la Faigne, doibt 12 deniers de cens.

« Le seigneur de la Roche de Vault, pour unge mais^n. jardin et terre sis pres le bourg de Coulonge, doibt 6 deniers de cens obolle.

« La ve feu maistre Gervays Durand, pour unge piece de terre sise pres sa maison de Brullon, doibt 2 deniers de cens.

« Denyse La Dessesquocte pour 1 maison et jardin sise au bourg de Coulonge pres le cimetaire dud. lieu doibt 2 deniers de cens.

« Le procureur de la fabricque de Coulonge, pour les choses de la dicte fabricque, doibt 6 deniers de cens.

« Le cure de Coulonge, pour son presbitaire, jardin, cour et issus avecque les prez et autres choses, doibt 5 sols de cens.

« Les hoirs feu messire Jehan Fresneau en son vivant cure de Coulonge, pour ung journal de terre qui fut baille a deffunct messire Ambroys de Marsche aussi en son vivant cure de Coulonge, doibvent 3 deniers de cens.

« Jehan Honguer, pour 1 jardin sis a la Championniere qui fut feu Parent, doibt au d. terme 1 denier de cens.

« Jehan Bezard Genderye, pour ung journal de terre, sis pres les Rigauldieres, doibt cens 5 deniers.

« Me Thomas Villays au lieu de deffunct Me Robert Fousquet, son beau pere, pour 20 arpents de landes et pour son lieu de Roche Fleuriette, doibt 2 deniers de cens.

« Mathurin Chevalier, pour 1 quartier de pasture sis soubz les vignes de Rougemont, doibt 2 deniers de cens.

« Jehan Bonsergent, pour 1 piece de terre contenant 3 journaulx sise a Fousse Gonthier, doibt 2 deniers de cens.

« Mathurin Panniers, au lieu de Thomas Fyers, pour 1 quartier de vigne sis en boys Martin, doibt 6 deniers de cens.

« Messire Mace Touppin, pour 1 quartier de vigne sis a Chassegoutte, doibt 6 deniers de cens.

« Estienne Bellenger, pour 1 quartier de vigne sis au Grand Chenon, doibt 2 deniers de cens.

« Le dict Bellenger, pour 1 planche de vigne au cloux du Grant Chenon, doibt 1 denier de cens.

« La ve et hoirs feu Pierre Collas, pour leurs choses de la Chaussee, doibvent 6 deniers de cens.

« Mathurin Bonsergent, pour 3 journaulx de terre en landes sises es Landes pres la justice du lieu Desguebelles, doibt 6 deniers de cens.

« Mathurin Symon, pour 1 grant quartier de vigne sis au Grant Chenon, doibt 2 deniers de cens.

« La ve feu Ambroyse Lepelletier, fille de feu Mace Agier du Lude, pour 3 quartiers de vigne sis au cloux du Grant Chenon, doibt 12 deniers de cens.

« Mathurin Godeffroy, charpentier, et Pierre Marquer, pour le lieu et appartenance de la Raharie, doibvent 6 deniers de cens.

« Les hoirs feu maistre Guill. Villays, pour le lieu et appartenances des Sourderyes autrement appele la Tabiniere, doibt 18 deniers de cens.

« Messire Jehan Lefranc, cure de Juille, pour 2 journaulx de terre sis pres le lieu de la Charnellerye quil a acquit des hoirs feu Jullian Rideau, doibt 6 deniers de cens.

« La ve Pierre Guyton, pour sa maison, jardin et autres choses quil tient, doibt 6 deniers de cens.

« Andre Gareau, pour 1 quartier et les 3 pars dun

quartier de vigne sis a la Charnellerye, doibt 1 denier de cens.

« Michel Hurson, pour 1/2 journal de terre, sis en la paroisse de Coulonge pres le Genetay, doibt 2 deniers de cens.

« Pierre Fronteau, pour ung journal et demy de terre, partie en terre et autre en vignes sis pres Fontayne Girault, doibt 2 deniers de cens.

« Mace Cougnard, pour 2 journaulx de terre sis au lieu appele les Fillieres, doibt 2 deniers de cens.

« La veusve et les hoirs feu Jehan de la Barre, pour 1 maison sise au bourg de Sarce, avecques les d. jardins joignant y celle maison, doibvent 6 deniers de cens.

« Le seig. de Charbon, pour unge maison et jardin et acquest sis au bourg de Coulonge quil a faist de messire Jehan Lefranc, cure de Juille, doibt 6 deniers de cens.

IV. — *Aultre recepte de deniers censifs deubz a la distc seigneurie Desguebelles, au terme Saint Jehan-Baptiste, pour raison des choses tenues à vie receuz et par mon susdict recepveurs en lan de ce present compte :*

« Pierre Marquer et les hoirs feu Loys Bonsergent, pour le lieu du Messonnal tenu a vie, doibvent 6 deniers de cens.

« Jullian Agier, pour le lieu et appartenances de la

Grassetiere tenu a vie dont le d. Jullian faist la derniere vie, doibt au d. terme 17 deniers de cens.

« Damoiselle Anne Beuscher, pour le lieu et appartenances de Chalubert tenu a vie dont la dicte damoiselle faist la derniere vie, doibt 18 deniers de cens.

« La dicte damoiselle, pour le pre Grasset et pour ung loppin de briere contigu a y celuy tenu a vie la dicte damoiselle faist la derniere vie, doibt 1 denier de cens.

« Les hoirs feu Jehan Ernoul, pour 2 quartiers de vigne sis en Vaurobert tenu a vie dont les dicts hoirs font les dernieres vies, doibvent 6 deniers de cens.

« Les hoirs feu Pierre Guischart, pour 1 maison servant a present destables avecques les jardins joignant y celle maison tenuz a vie dont maistre Robert Dufresne, advocat a Angers, faist la derniere vie, de laquelle maison et jardin le dict Dufresne a faist bailler au dict Guischart, pour ce doibvent les hoirs Guischart 6 deniers de cens.

« Jacques Mestayreau, Pierre Fronteau et messire Thomas Ernoul ayant le droyt et action des hoirs feu Jehan Aubery, pour 3 quartiers de vignes et ung journal de terre tenu a vie dont les hoirs Aubery font la derniere vie, doibvent les Mestayreau, Fronteau et Ernoul, 2 deniers de cens.

« Ne compte le recepveur de ces presents articles de messire Guillaume Belin pour ce que messieurs (de St-Vincent) tiennent le quartier de vigne de Raciquot contenu en y celle pour cens *Nichil.*

V. — *Aultre recepte ordinaire des deniers deubz de rente perpetuelle par chacun an a la dicte recepte Desguebelles, au jour et feste de Toussaint, par moy recepveur en lan de ce present compte receuz :*

« Mathurin Jacob, pour ung quartier de vigne sis au cloux de Bossellon, doibt 3 solz.

« Messire Jehan Lefranc, pour 1 quartier 1/2 de vigne sis au cloux appele Bossellon aultrement le cloux du Vau quil a acquit des hoirs feu Andre et Mace les Chauveaux, doibt 7 solz.

« Jehan Dupin et Pierre Lemercier doibvent pour 1 piece de terre sis pres le bosquet du Grant estang d. Desguebelles 5 solz de rente.

« Jullian Salmon au lieu des enffans feu Andre Granthomme et les hoirs feu Guillaume Fronteau, pour 1 petit lieu et ses appartenances sis pres la Fontayne de Chenon, doibvent 8 solz.

« Rene le Gacian, les d. Herissees et autres leurs farescheurs, pour raison du lieu et appartenances de la Texcerie, doibvent 30 et 3 solz 6 deniers.

« Le dict Rene et S[rs] frarescheurs, pour 1 cave, jardins et autres appartenances qui furent feu Jehan le Moulnier, doibvent 7 deniers.

« Les hoirs feu Mathurin et Guillaume les Bossez et les hoirs feu Guillaume Fronteau, pour le lieu et appartenance de la Marchandiere, doibvent 18 solz 6 deniers.

« Les hoirs feu Guill. Fronteau et les dessus dictz Bossez, pour la moistie du lieu de la Marchandiere, doibvent 5 solz.

« Le dict les Bossez, pour leurs appartenances de la Varenne, doibvent 20 solz 6 deniers.

« Jehan et Guill. les Moreaux et autres leurs frarescheurs, pour le lieu et appartenances de la Rischerye, doibvent 50 et 7 solz.

« Les hoirs feu Pierre Chauveau, pour 2 quartiers de vigne sis au cloux des Mollieres, doibvent 17 solz 6 deniers.

« Pierre Marquer le jeune et Jehanne la Berdrys, pour le lieu de la Chevallerie, doibvent 8 solz.

« Pierre Marquer lesne et les hoirs feu Loys Bonsergent, pour les lieux et appartenances de la Pougnaudiere et Houssais, doibvent 40 et 7 solz 6 deniers.

« Mahette veusve de deffunct Collas Jurennille et Jehan Belledent, pour ung bordage sis pres le bourg de Coulonge, doibvent 12 solz.

« Les dessus dictz pour 2 quartiers de vigne sis au cloux de Chassegoutte, doibvent 5 solz.

« Les hoirs feu messire Lucas Bottue qui est la ve du d. deffunct Collas Jurennille, pour 1 maison, terre et vigne, la maison sise au bourg de Coulonge, et la terre et vigne sis pres et contigu y celle maison, doibt 16 solz, ainsi quil appert par les lettres de baillee qui en ont este faistes a S. Vincent et au chapitre.

« Les enffans feu Olivier Gareau, qui sont Andre et Jehan les Gareaux et autres leurs frarescheurs, pour leur lieu et appartenance Desguebellerie, doibvent 16 solz.

« Thomas Foyer, les hoirs feu Guill. Foyer et les hoirs feu Masthurin Cartereau, pour le lieu et appartenance de la Charnellerie, doibvent 30 et 5 solz.

« Jehan Bonsergent, pour ung quartier de vigne sis au cloux de la Charbonnellerye, doibt 15 deniers.

« Masthurin Godeffroy, charpentier, et Pierre Marquer, pour le lieu et appartenances de la Raharys, doibvent 20 solz.

« Messire Jehan Lefranc, prestre cure de Juille, pour le lieu de la Charbonnellerye quil a acquis des hoirs feu Jullian Rideau, doibt 10 solz.

« Masthurin Chevalier, pour le lieu et appartenances de Pepineau, doibt 20 et 5 solz.

« Le Sr de la Picquerye, pour 1 bordage qui fust feu Guill. Gruault, doibt 14 solz 7 deniers.

« Damoyselle Anne Beuscher, pour 1 bordage a la Picquetiere quelle a eu par partaige de deffunct son frere, doibt 9 solz 6 deniers.

« Le Sr de la Picquerye, pour 2 pieces de terre lune contenant 1 journal sis a la Barriere lautre contenant 2 journaulx sis a feu La Pierre, doibt 2 solz.

« Le dict S[r], pour les terres qui furent feu Lancelin, doibt 14 deniers.

« Les hoirs feu Jullian Joubert, pour 2 quartiers a *Gast* qui furent feu Prothesin Chaligne quilz tiennent par baillee que leur en a faist le S[r] de la Picquerye, doibvent 3 solz.

« Les hoirs feu Jehan Guyton de Fasse et les enffans feu Jehan Soret, pour le lieu et appartenances des Maisons Rouges, doibvent 8 solz.

« Les dictz hoirs doibvent pour leurs choses de Fasse tenu censifvement, 4 livres 8 solz.

« Les hoirs feu maistre Mace Touppin, damoiselle Anne Beuscher et les hoirs feu Jehan Brahier, pour 2 journaulx de terre sis en 2 pieces pres les Maisons Rouges et pour 5 quartiers de vignes sis en la Guynaulde, doibvent 14 deniers.

« Les hoirs feu Jehan Guyton de Fasse, pour leurs choses de Lauberguere, doibvent 5 solz 9 deniers.

« Les hoirs feu Mace Langloys, Mace Gistier, Masthurin Guyot, Gervaysotte la Vidaulde et les Barriers, pour leur bien et appartenances de la Colliniere, doibvent 20 et 2 solz.

« Les hoirs feu Mace Langloys et les hoirs feu Denys Bougard, pour le lieu et appartenances de Vaurobert, doibvent 20 et 4 solz.

« Guill. Ernoul et les hoirs de deffunct Jehan et Mace les Ernoul, pour le lieu de la Rigauldiere, doibvent 2 solz.

« Les hoirs feu Jullian Rideau, qui sont Guyon Fournier et Jehan le Moulnier a cause de leur femme, filles et feu Perrin Rischier, doibvent 50 et 5 solz 7 deniers.

« Les hoirs feu Guill. et Collin les Fournier, pour 3 journaulx de terre sis entre la maison de Rideau et la maison le Fournier, doibvent 3 solz.

« Les d. hoirs et les hoirs du dict feu Rideau, pour leurs choses des Fougerolles tenues censifvement, doibvent 30 et 4 solz.

« Les hoirs feu maistre Guill. Villays, pour le lieu des Hayes appelle laistre Grignon, doibt 20 solz.

« Les ditz hoirs, pour le lieu de la Tipperie alias la Fousse qui fust feu Jehan Honguer, doibt 30 et 7 solz.

« Les hoirs feu Vincent Gareau, pour leur cave et appartenance dicelle sise es Hayes de Sarce, doibvent 2 solz 6 deniers.

« Les dictz hoirs, pour 2 pieces de terre, lune contenant 5 journaulx, sis a la Noyere, et lautre contenant 4 journaulx, joignant aux choses des hoirs feu messire Jehan Moreau et pour 1 journal de terre joignant au boys Guebrunet, doibvent 12 solz.

« Les hoirs feu Hylaire du Vau, Pierre Dezescot, Jean Heurtelou, Andre Mandroux et Picoulleau pour le lieu aux Picoulleaux, doibvent 2 solz 6 deniers.

« Les hoirs feu Hylaire Bellenger, Rene Joubert et les hoirs feu Collin Fournier, pour 4 quartiers a *Gast* et vigne sis a Pillorges qui furent Prothesin Chaligne, doibvent 3 solz.

« Les hoirs feu Guill. Joubert, pour 2 quartiers de vigne sis au cloux de Pillorge joignant au boys des Sunderyes, doibvent 6 solz.

« La veufve et hoirs feu Jehan Bellenger alias de la Rische, femme en premieres nopces de feu Guischart, pour 1 grande maison sise au bourg de Sarce, doibvent 6 deniers.

« Rene Pauthonnier, Rene Donne et les hoirs feu Goron, pour 3 maisons sises au bourg de Sarce tenantes les unges aux aultres avecques les jardins, cours et yssus quilz tiennent a foy et hommage simple [1], doibvent 14 deniers de rente au jour de S. Martin dyver, ainsi quil appartient par declaration rendue par deffunct Guyon Boutevyn detenteurs des distes choses.

« Les hoirs feu Celerin Guyton, pour deux

[1] L'homme qui rend foi et hommage simple place ses mains jointes dans celles de son seigneur et dit : « Je me connais être homme de foi simple, de Monseigneur qu'ici est, au regard de telle sa terre, ou de tel son hôtel, pour raison de telle chose : et lui promets par la foi et serment de mon corps, que d'ici en avant loyauté je lui porterez : d'autres que de lui (des choses déclarées) je ne avouerez, bien et loyaument les devoirs et services je lui paierai, par mon aveu ou autrement, son fief je ne lui rognerai ; et en tous termes avec lui, je gouvernerai, ainsi que l'homme de foi simple doit faire envers son seigneur et sur les peines qui y appartiennent. » (*Manusc.*)

journaulx de terre en briere sis en 2 pieces pour leur maison, doibvent 12 solz 6 deniers.

« La veufve et hoirs feu Jehan Bellenger alias la Rische, pour le lieu et appartenances du petit Fasse, doibvent 20 solz 5 deniers.

« La d. veufve et les hoirs, pour demy journal de terre sis davant la maison du d. lieu, doibvent 2 solz.

« Les hoirs feu Jehan Honguer et Guill. Hertelou, pour 1 maison, terres, jardins et autres appart. sises a la Championniere, doibvent 20 solz.

« Les hoirs feu Jehan du Vau et les hoirs feu Jehanne Parent, pour leurs choses de la Championniere, doibvent 16 solz.

« Les hoirs feu Jehan Guebrunet et les hoirs feu Guill. Landays, pour le lieu et appart. de la Butonniere doibvent 39 solz 8 deniers.

« Les distz hoirs et Gervays Lefaulcheurs, pour le lieu et appartenances de la Sauvagere qui autrefois fust Michel Monnet, doibvent 15 solz.

« Les hoirs feu Guill. Landays, pour le lieu et appartenances de la Batiniere, doibvent 20 et 1 solz.

« Les distz hoirs, pour leur part de la Chesnaye et pour leurs appartenances des Fillieres, doibvent 2 solz et 3 deniers obolle.

« Les hoirs feu Guill. Joubert et Mace Cougnard, pour le lieu du Genetay, doibvent 10 solz et 2 deniers.

« La veufve et hoirs feu Pierre Guyart, pour leur bordage sis pres Fontayne Girault, doibvent 15 solz.

« Mathurin Godeffroy, charpentier, pour 2 journaulx de terre joignant dun couste aux terres du domayne des Guebelles, doibt 4 solz.

« Les hoirs feu Celerin Guyton, pour ung petit jardin sis pres leur maison au lieu appele la Chaussee, doibvent 5 solz et le tiers dune poulle.

« Denyse Desescotte, pour 1 maison et jardin sis au bourg de Coulonge pres le cymetiare, doibt 20 solz.

« La veufve et les hoirs feu Pierre Collas, pour leur maison, grange, estable, jardin, cour et issues sis au bourg de Coulonge et pour certaines autres choses, doibvent 20 et 5 solz.

« Le cure de Coulonge, pour son presbytaire, jardins, cours et yssus prez es terres, doibt 30 solz.

« Les hoirs de deffunct messire Jehan Fresneau, en son vivant cure de Coulonge, pour ung journal de terre quilz tiennent sis pres de Coulonge, doibvent 12 deniers.

« Pierre Symon et Estienne Bellenger, pour 8 arpents de landes sis es landes de Coulonge joignant aux landes de la Raharies que Pierre Marquer tient a cause de sa femme, doibvent 7 solz.

« Ne compte receue le recepveurs pour ceste presente article de hoirs feu messire Jehan le Seneschal, pour 2 quartiers de vigne sis au Grand Chenon parce quil dict que messire le tiennent en leur mains, pour ce nichil.

« Pierre Marquer pour 3 arpents de landes sis es landes de Coulonge, pres les landes de Pierre Symon et Estienne Bellenger, doibt 6 solz.

« Les hoirs feu Ollivier Gareau, pour 4 arpents de landes sis es landes de Coulonge joignant le chemyn tendant au dict Coulonge a Luche, doibvent 8 solz.

« La ve et hoirs feu Jehan Symon, pour 8 arpents de landes es quels a este par le deffunct et veufve esdifier 1 maison, doibvent 16 solz.

« Masthurin Agier, pour 3 arpents de landes sis es landes de Coulonge, doibt 6 solz.

« Denys Moreau, pour 16 arpents de landes tout en ung tenant sise en Vaurobert es quelles a faist esdifier unge maison, doibt 30 et 2 solz.

« Les hoirs feu Pasquier Hurson et les hoirs feu Gelerin Guyton, pour 6 arpents et demy de landes sises es landes de Coulonge pres la vallee de Vaurobert, doibvent 15 solz.

« Pierre Fronteau, pour 9 arpents de landes sises es landes pres les landes des hoirs des Guyton et Hurson, doibt 18 solz.

« La veufve et hoirs feu Pierre Collas, pour 5 arpents de landes sis es landes pres les landes du dict Fronteau, doibvent 10 solz.

« Me Thomas Villays, au lieu de deffunct maistre

Robert Fousquet pour 20 arpents de landes sis es landes de Coulonge joignant pour partie aux faussez (fossés) faisant separation des fiefs Desguebelles et Daubouvrys, doibt 50 solz.

« Demoiselle Anne Beuscher, pour 4 arpents de landes sis es landes joignant aux landes du domayne Desguebelles, doibt 8 solz.

« Les hoirs feu Gervays Renart, pour 4 arpents de landes sis es landes qui furent Jehan Guyton de Fasse et Jullian Bougard, doibvent 8 solz.

« Les hoirs feu Me Guill. Villays, pour 4 arpents et 1 quartier de landes sises es landes de Sarce, doibvent 8 solz.

« Les hoirs feu Hylaire Bellenger, pour 4 arpents de landes sises pres les landes du moullin a vent que le d. Bellenger a prinse de messieurs (de St-Vincent) doibvent 8 solz.

« Pierre Boullayz, pour 4 arpents de landes appelee les landes de Sarce pres le moullin a vent et pour demy journal de terre sis au lieu appele la forest des Esguebelles joignant au chemin tendant de Pontvallin au Chasteau du Loir, doibt 9 solz.

« Estienne Bellenger, pour ung quartier de vigne sis au cloux du Grant Chenon pres Genevraye, doibt 20 denyers et luy en a fait marche de la rente de la vigne pour ce quil a laisse certaines vignes que messieurs tiennent dans leurs mains.

« Masthurin Chevalier, pour ung quartier de

pasture sis au bas du cloux de Rougemont pour les vignes de messires, doibt 12 denyers.

« Messire Mace Touppin, pour ung quartier de vigne sis en Chassegoutte, doibt 4 solz sa vie durant et apres sa mort seront tenuz ses hoirs pour chascun an pour la dicte vigne a 5 solz.

« Marin Pauvert, au lieu de Thomas Foyer, pour ung quartier de vigne sis en boys Martin doibt 10 solz.

« Jehan Bonsergent, pour unge piece de terre contenant 3 journaulx sis prez Fousse Gontier, doibt 10 denyers.

« Masthurin Symon, pour ung grant quartier de vigne appele la Renaulde sis au cloux du Grand Chenon pres Genevrays, doibt 2 solz.

« La ve et hoirs feu Pierre Collas, pour leurs choses de la Chaussee, doibvent 15 solz.

« Masthurin Bonsergent, pour 1 piece de lande sis es landes de Coulonge, doibt 5 solz.

« La ve feu Pierre Guyton, cousturier, pour les 3 vignes appelee les Jobins et pour sa maison et jardin, doibt 17 solz au dict jour de la recepte Desguebelles et 5 solz a la recepte de la Pytanceryе de S. Vincent.

« Jehan Bansard, pour 2 petites maisons sises au bourg de Coulonge avecques le jardin y contigu, doibt 12 solz.

« La ve et hoirs feu Masthurin Jacob, pour ung

journal 1/2 de terre sis pres leurs maisons et pour leurs vignes des Mollieres baillee au d. deffunct par mes dictz sieurs en contreschange de certaines vignes et terres sises en Gastehalle baillee a mes ditz sieurs (de St-Vincent) par les d. Jacob, doibvent les ditz hoirs 14 solz a la recepte Desguebelles.

« Guyon le Fournier et Jehan le Moulnier, pour leurs landes, doibvent 10 solz.

« Messire Jehan Lefranc, pour 2 journaulx de de terre sis pres le lieu de la Charnelleryc par acquest quil en a faist des hoirs feu Julian Rideau, doibt 10 solz.

« Les hoirs feu Guill. Villays, pour le lieu et appartenances des Sourderyes autrement appelee la Tubiniere que soulvet tenir en partie feu Jehan Joubert, doibt 50 solz au terme de Nouel.

« Andre Gareau, pour ung quartier et les 3 parts dung quartier de vigne sis a la Charnelleryc que messieurs luy ont autreffois baillee en aultre eschange de certaines vignes que le d. Gareau avoit au cloux de Sallepointe lesquelles mes dict sieurs tiennent de present en leurs mains pour ce, doibt le d. Gareau pour le quartier et 3/4 7 solz au terme de Toussaint.

« Michel Hurson, pour 2 journaulx de terre ou environ sis pres le Genetay quil a prins de messieurs tant pour luy que pour sa mere, doibt 5 solz.

« Pierre Fronteau, pour ung journal et demy

de terre sis pres la Fontayne Girault quil a prins de messieurs, le temps pour lui est efface a toujours, doibt 2 solz tournois.

« Mace Cougnard, pour 2 journaulx de terre sis au lieu appele les Fillieres, doibt 6 solz.

« La ve et hoirs feu Jehan de la Barre, pour 1 maison sise au bourg de Sarce avec les jardins joignant y celle maison, doibvent 7 solz.

« Le seig. de Charbon, pour 1 maison et jardin sis au bourg de Coulonge joignant dun couste a ung cloteau de terre appartenant a messire Mace Touppin daustre couste au jardin et maison de messire Thomas Ernoul aboutant dun bout a la rue du dict bourg de Coulonge dautre bout a une pasture qui est au seig. de la Faigne, appelee la pasture, doibt le dict Sr de Charbon 5 solz.

VI. — *Rentes muables deus a la seigneurie Desguebelles au terme de Toussaint par moy recepveurs receues en lan de ce present compte pour raison des choses tenues a vies.*

« Pierre Marquer le jeune, a cause de sa femme fille de Renee-Jehanne la Berdrys, pour demy journal de terre sis pres le lieu de la Chevallerye joignant aux choses du d. Marquer et aux terres du domayne Desguebelles tenu a vie dont la femme du dict Marquer et sa sœur font les dernieres vies, doibvent 3 solz.

« Guyon Fournier et Jehan le Moulnier, a cause de leurs femmes, filles de deffunct Jullian Rideau, pour le lieu et appartenances de la Cadoriere quilz tiennent aux vies de leurs femmes, doibvent 20 solz.

« Jullian Agier, pour le lieu et appartenances de la Grassetiere tenu a vie dont le dict Jullian faist la derniere vie, doibt 24 solz.

« Damoiselle Anne Beuscher, pour son lieu et appartenances de Chalubert tenu a vie dont la d. damoiselle faist la derniere vie, doibt 22 solz.

« La dicte d^{lle}, pour ung quartier de vigne sis en Sallepointe joignant aux vignes du Sr de la Picquerye. Le dict quartier de vigne tenu a vie dont la damoiselle faist la derniere vie, doibt par chacun an a la dicte recepte Desguebelles 4 solz.

« Guillaume Ernoul et les hoirs feu Jehan Ernoul, pour 2 quartiers de vigne sis en Vaurobert tenu a vie dont le d. Guillaume Ernoul faist la derniere vie, doibvent 17 solz.

« Le dessus dict, pour les choses de la Jesselliniere tenue a vie dont le d. Guillaume Ernoul faist la derniere vie, doibvent la fin de 27 solz 6 deniers.

« Les hoirs feu Pierre Guischart, pour 1 maison servant a present destable avecque le jardin y contigu y celle maison, sise au bourg de Sarce, joignant dun couste le chemyn tendant de leglise du d. lieu a Corge[1] et pour ung aultre jardin vu quil y a ung aultre maison que possede a present la veufve feu Michel Vanhuon. Les d. choses tenues a vie. Ce faist Me Francoys Dufresne, advocat demt. a Angers, faist la derniere vie des dictes choses pour ce doibvent les dessus dicts 7 solz 6 deniers.

« Les hoirs feu Guillaume Landays, pour 1 partie de boys appele le boys Labbe et pour le feu Guillaume Landays, sa femme et ses enfans, doibvent 2 solz 6 deniers.

« Jacques Mestayreau, Pierre Fronteau et messire Thomas Ernoul, pour 2 quartiers de vigne avecque ung journal de terre sis en Gastehalle tenu a vie par acquest quilz en ont faist des hoirs feu Jehan Aubry auquel avoit este faist la dicte baillee a vie, doibvent les dessus dictz Mestayreau, Fronteau et Ernoul 5 solz.

VII. — *Recepte faicte de profilt de fief en lan de ce present compte* 1538.

« Compte le recepveur avoir receu 40 et 6 solz 8 denyers de messire Thomas Ernoul, pour les

[1] En 1292, Julien *Floier*, de la paroisse *de Collunge*, vend à Geoffroy *Boutevele*, moine de Saint-Vincent, 11 deniers mançais et 1 denier tournois de rente, assis sur une pièce de vigne au *Val de Corge*, en la paroisse de Sarcé, pour le prix de 2 sols tournois payés comptant. (Bilard.)

ventes de troys contrastz, lun diceulx faist avecque Guillaume Voisin contenant en principal achapt 20 livres, le d. contrast faisant mention de lamortissement de 16 livres tournois de rente.

« Le dict contrast, passe par Guillaume Ernoul le 6e jour de febvrier lan 1535.

« Le segond contrast faist avec Jullian Bougard contenant en principal achapt 12 livres passe par le d. Guil. Ernoul le dernier jour de janvier lan 1531.

« Le troisieme contrast faist avecque Pierre Guyton contenant en principal achapt de 10 livres passe par Jehan Belledent le 14e jour daoust 1531.

« Compte en terre 16 solz 4 denyers de Jehan Ernoul pour les ventes dun contrast faist avecque Pierre Cureau contenant en principal achapt 16 livres passe par Mathurin Chevalier le 20 et 2e jour du moys de may 1536.

« Receue 4 solz 2 denyers de Jehan Moreau lesne, pour la vente dun contrast faist avec Pierre Couldray conten. (contenant) en principal achapt de 60 et 10 solz passe par Jehan Belledent le 28e jour de decembre 1537.

« Receue 15 deniers de Andre Pelle, pour la vente dun contrast faist avecque Renee Poussin veufve de deffunct Jehan Chesneau contenant en principal achapt 15 solz 6 deniers passe par Jacques *Tautoust?* le 3e jour de juin 1536.

« Receue 3 solz de Jehan Fousquet, pour les

ventes dun contrast faist avec Michel Hurson, contenant le dict contrast lamortissement de 2 solz 6 deniers de rente, passe par Jehan Herisson le 20 et 6e jour de juillet 1516.

« Receue 2 solz 4 deniers de Michel Fresneau, pour la vente dun contrast faist avecque Roberdi Fresneau conten. le dict contrast en principal achapt 40 et 2 solz, passe par Germain Robert le dernier jour de mars lan 1538.

« Receue 30 et 1 solz de Charles Guischart pour la vente dun contrast faist avecque Jehan Jouanneaux et Germain Landays, contenant en principal achapt 20 et 5 livres, passe par Jullian Joubert le 20 et 5e jour de febvrier lan 1536.

« Receue 40 et 4 solz 6 deniers de Jehan Bonsergent pour la vente dun contrast faist avecque messire Thomas Ernoul, contenant en principal achapt 40 livres, passe par Jehan Belledent le 20 et 1e jour de janvier 1538.

« Oultre receue du dict Bonsergent 17 solz pour la vente de deux contrastz, lun diceulx faist avecque Gacian Herisson, contenant en principal achapt de 6 livres, passe par Jehan Belledent le 19e jour de mars lan 1538; lautre contrast faist avecque Marin Pauvert, contenant en principal achapt 6 livres, passe par Jehan Belledent lan 1538.

« Receue 9 solz de Guyon Fournier pour la vente dun contrast faist avec Guillaume Moreau, contenant en principal achapt 8 livres 10 solz, passe par Guillaume Ernoul le 20e jour daoust apres Pasques lan 1538.

« Receue 20 solz 2 deniers de Mace Jeudon pour la vente dun contrast faist avecque Jehan Belledent, contenant en principal achapt de 10 livres, passe par Mathurin Chevalier le dernier jour de decembre 1536.

« Receue 12 solz 4 deniers de Jehan Moreau lesne pour la vente dun contrast, comme Loys Moreau a vendu 1 journal de terre a son oncle Jehan Moreau de Mayet, lequel journal le d. Loys Moreau avoit receue de rente Lajacoppe.

VIII. — *Recepte faicte de profilt de bestial des mestairies et clouseries en lan de ce present compte* 1538.

« De Pierre Fronteau, mestayer du lieu et domayne de Lespinay pour moutie de la vendition dun bouvart vendu 4 livres.

« Oultre receue du d. Fronteau 30 et 6 solz pour moutie de la vendition de 8 moutons venduz 9 solz la piece.

« Receue du d. Fronteau 4 livres 16 solz 6 deniers pour moutie de la vendition dune vasche, dun autre petit bouvart, et pour le retour faist au change de deux bœufz.

« Receue de Jehan Ernoul, mestayer du lieu et

domayne de la Guillardiere, pour moutie de vendition dun bœuf vendu 6 livres 6 solz.

« Receue de Pierre Symon, mestayer du lieu du domayne et mestayrie de la Guytiere, 7 livres pour moutie de la vendition de deux bœufz vendus 14 livres.

« Receue du dict Symon 20 solz pour moutie de la vendition de 4 moutons vendus 10 solz la piece.

« Receue 15 solz pour la vendition de la vendenge du jardin du lieu de la Guytiere.

« Receue du d. Symon 10 solz pour le gain (regain) du pre de Coulonge.

« Receue 15 solz du d. Symon pour le retour faist au partaige des porcs.

« Receue 6 solz 6 deniers de Michel Herisse, mestayer du lieu et mestayrie Desguebelles, pour moutie de la vendition dun veau de laist vendu 13 solz.

« Receue 30 et 5 solz 6 deniers de Estienne Bellenger, clousier du lieu Desguebelles, pour moutie de la vendition dune vasche vendue 60 et 11 solz.

« Thomas Cureau, mestayer du lieu de la Retiniere, receue 10 solz 6 deniers, pour moutie de la vendition dun vau de laist, vendu 20 et 1 solz.

« Symon Fronteau, mestayer du lieu de la Hallerye, receu 12 solz pour moutie de la vendition de 2 moutons.

IX. — *Recepte faicte de vendition de froment.*

« Compte le recepveur avoir receue 20 et 5 livres 4 solz pour la vendition de huyt vingt huyt boesseaux froment, venduz 3 solz le boesseau.

« Compte avoir receue 116 solz 8 deniers pour la vendition de 30 et 5 boesseaux froment, venduz 3 solz 4 deniers le boesseau.

« Compte ou receue 60 et 8 solz pour la vendition de 17 boess. froment, vendu 4 solz le boess.

X. — *Aultre recepte faicte de vendition de seigle.*

« Compte le recepveur avoir receue 20 livres 17 solz 6 deniers pour la vendition de 9 vingt 5 boesseaux seigle, venduz 2 solz 3 deniers le boesseau.

« Compte le d. recepveur avoir receue 8 livres 17 solz 4 deniers pour la vendition de 76 boess. seigle, venduz 2 solz 4 deniers le boess.

« Compte le recepveur avoir receue 6 vingt dixneuf livres pour la vendition de 12 cens 60 et 12 boess. seigle, vendu 2 solz 6 deniers le boess.

« Compte le d. recepveur avoir receue 20 et 6 livres 18 solz 8 deniers pour la vendition de 202 boess. seigle, vendu 2 solz 8 deniers le boesseau.

XI. — *Aultre recepte faicte de vendition dorge.*

« Compte le recepveur avoir receue 8 livres 18 solz pour la vendition de 89 boesseaux dorge, vendu 2 solz le boesseau.

XII. — *Recepte faicte de vendition davoyne.*

« Compte le recepveur avoir receue 60 et 15 solz pour la vendition de 60 et 15 boesseaux avoyne vendus 12 deniers le boesseau.

XIII. — *Recepte extraordinaire faicte tant de vendition cercles, napveaulx, estallaiges, du jour de S. Laurent a Sarce que plusieurs aultres choses, ainsi quil appartient pour les articles cy apres.*

« Compte le recepveur avoir receue 6 solz pour vendition de cercles.

« Receue 6 livres pour la vendition du plan estant au boys de la Grassetiere.

« Receue 20 et 2 livres 1 solz 10 deniers pour vendition de poisson.

« Receue 5 solz pour vendition de napveaulx.

« Receue 5 solz des estallaiges de Sarce du jour de S. Laurent.

« Receue 4 livres 10 solz pour vendition de vin.

XIV. — *Mise dargent faicte en lan de ce present compte, laquelle le recepveur demande luy estre deduyte et abatre sur ses receptes.*

« Compte le recepveur pour la fasson des vignes que tiennent messieurs au lieu de Sarce et le grant cloux du lieu Desguebelles contenant 40 et 6 quartiers, a 20 solz pour la fasson de chacun quartiers......

« Compte pour la fasson de 800 fousses peroings, a 3 deniers les 2 fousses.

« Poye 13 livres 3 solz pour lachapt de cinq quart de merrain[1].

« Poye 38 livres pour lachapt de 1,800 de peuple mis en lestang des Guebelles.

« Poye 42 solz pour ung mynot et demy de sel.

« Poye 11 livres 11 solz a Pierre Housseau pour le charroy de 12 pippes de vin charroyee du lieu Desguebelles a St-Vincent au Mans.

[1] Le receveur des Aiguebelles payait les façons de « molles à pippes (paquet de cercles) 6 deniers la molle. » Les tonneliers étaient « poye 2 solz par jour pour relier les cuves, les portoires, timbres, etc. On poye 12 deniers pour relier une pippe ; la pippe neufve vallait 15 solz. »

Les hommes recevaient pour vendanger 15 deniers par jour, et les femmes 6 deniers ; « ils estoient nourris aux Esguebelles. » (*Inv. auth.* du XVIe siècle.)

« Le 5e jour doctobre lan de ce present compte baille 14 solz a Pissot, varlet de St-Vincent, pour conduyre les porcs du lieu des Eguebelles a Tuffe.

« Le 12e jour doctobre baille 20 solz a messire Thomas Ernoul par le commandement de monsieur le celerier, sieur frere Gervais Villenecte de labbaye de St-Vincent, pour avoir vacquer a prendre possession du prieure de Sarce.

« Poye 11 solz pour 2 voyages que le recepveur a faist au Chasteau du Loir, convenu par le sergent de Mayet, a la requeste du procureur du Roy pour exhiber le boesseau Desguebelles.

« Poye 15 solz pour lachapt de 2 charreteez de paille.

« Du 14e jour daoust compte le recepveur avoir desbourse 10 solz 6 deniers despensez par Me Michel Morisson, Rochery et luy en allant a la Fleche parler au conseiller Corbin pour la commission du dict Rochery quil avoit sur St-Vincent [1].

[1] Dans une pièce manuscrite, également du XVIe siècle, nous lisons:

« Aoust, septembre.

« Donne au dist moye aux serviteurs des Esguebelles estant alle pour les affayres, 16 sols.

« Poye, pour un nouvetureau pour mettre au bordage de la Retriniere, 25 sols.

« Le huy. jour du dist moye, poye es vin allant et revenant de Esguebelles frere Pierre Le Boir et moy, et, pour avoir donne le vin aux serviteurs du dist lieu, 12 sols.

XV. — *Rentes immuables de ble froment deub par chacun an a la recepte et seigneurie Desguebelles a la mesure du dict lieu au terme et feste de Noel, dame Angevynne, receuz par le dict recepveur en lan de ce present compte.*

« Les hoirs feu Mathurin et Jehan les Bossez, Guill. Moreau, a cause de sa femme, Andre Pelle et les enffans Jehan Bezard, lequel a cause de sa femme et les enffans, a cause de leur mere et les hoirs feu Guill. Fronteau, pour I cave et ses appartenances nommee la cave de la Hallerye, doibvent, les sus dictz pour raison de la d. cave et pour plusieurs autres heritaux, demy provendier vallant ung boesseau et demy a la mesure Desguebelles.

« Pierre Marquer, Jehan et Pierre les Bonsergent,

« Donne a 2 guarsons, qui ont amenes des porcs de Esguebelles jusques ceans, 3 sols.

« Donne a tous les serviteures des mestayries estant alle departir les porcs, 12 sols.

« Le 25e jour, donne au serviteur de Anthoyne, lequel estoit venu advertir le temps de vendange, 4 sols.

« Donne a ung garson, qui estoit venu apporter lettres de Esguebelles pour les affaires de la maison, 3 sols.

« Poye a ung serreusier pour avoir acoustre un huys a la court de Genevrays pour mettre nos hardes es une des chambres.

« Poye a Anthoyne, pour sa despense estant alle a Sarce pour marchander des tonneaulx, 5 sols. » (*Communiqué* par M. Arnouilleau.)

et les hoirs feu Loys Bonsergent pour le lieu et appartenances de la Berauldiere, doibvent au terme angevynne 4 boesseaux froment.

« Jehan et Guill. les Moreaux et leurs frarescheurs, pour le lieu et appartenances de la Raharyes, doibvent demy provendier de froment vallant ung boesseau et demy froment a la mesure Desguebelles.

« Thomas Foyes, les hoirs feu Guill. Foyes et les hoirs feu Mathurin Cartereau, pour le lieu et appartenances de la Charbonnellerye, doibvent trante boess. froment.

« Pierre Marquer et Mathurin Godetfroy, pour leur lieu et appartenances de la Raharyes, doibvent 12 boess. froment.

« Mathurin Chevalier, pour les terres appelee Faultereau soulvet tenu feu Symon Barier, doibt 12 boess. froment.

« Le seig. de la Picquerye, pour le lieu de la Picquerye et appartenances diceluy, doibt 19 boess. froment.

« Les hoirs feu Me Mace Touppin, damoiselle Anne Beuscher et Jehan Brahier, pour 5 hommees de vigne sis au cloux de la Guynaulde et pour 2 journaulx de terre, doibvent 1 boess. 1/3 de froment.

« Les Duvaulx et les hoirs Jehan Parent, pour leurs choses de la Championniere, doibvent 16 boess. froment.

« Les hoirs feu Jehan Guebonnet et les hoirs feu

Guill. Landays, pour leur lieu et appartenances de la Butonniere, doibvent 15 boess. froment.

« Les hoirs feu Jehan Guebonnet et Gervays Lefaulcheux a cause de sa femme, pour le lieu et appartenances de la Sauvagere, doibvent 20 et 3 boess. froment.

« Les hoirs feu Guill. Landays, pour le lieu et appartenances de la Bobiniere, doibvent 20 et 1 boess. de froment.

« Les dictz hoirs, doibvent sur toutes leurs choses 6 boess. froment que messieurs prinrent par retraist feodal dun nomme Coulleard.

« Les hoirs feu Guill. Joubert, pour le lieu et appartenances du Genetay, doibvent 6 boess. from.

« Les hoirs feu Jehan Honguer et Guill. Hertelou, pour leurs choses de la Championniere, doibvent 20 et 8 boess. from.

« La ve feu Pierre Collas, pour sa maison sise au bourg de Coulonge et pour autres choses comprinses en sa baillee, doibt, a la mesure Desguebelles, 9 boess. from.

« Denys et Pierre les Guyton, Mace Gillier, Mathurin Guyot, a cause de leurs femmes et aultres leurs frarescheurs, pour le lieu et appartenance de Fasse, doibvent 8 boess. de froment a la mesure Desguebelles.

« Le dict Guyot, a cause de sa femme et les enffans du dist Gillier, a cause de leur deffuncte mere, les hoirs feu Mace Langloys, Jehan Bidault et les Boriers, pour le lieu et appartenances de la Colliniere, doibvent 9 boess. froment a la dicte mesure.

« Les dictz hoirs feu Mace Langloys et les hoirs feu Denys Bougard, pour le lieu et appartenance de Vaurobert, doibvent 10 boess. froment.

« Les hoirs feu Collin et Guill. les Fourniers en lacquit des epoux feu Jullian Rideau, pour 1 piece de terre sis entre la maison des hoirs du d. Rideau et la maison des Fournier, doibvent 3 boess. froment a la mesure Desguebelles.

« Les hoirs du dict Rideau, qui sont Guyon Fournier et Jehan le Moulnier, a cause de leurs femmes pour le lieu et appart. de la Richerye, doibvent au d. terme 40 et six boess. froment, mesure Desguebelles.

« Les hoirs feu Collin et Guill. les Fournier, pour le lieu et appart. de leur mestayrie appelee les Hayes de Sarce, doibvent 2 boess. froment.

« Les hoirs feu Mace Guill. Villays, pour le lieu et appart. nomme laistre Grignon et pour le lieu de la Texcerie, doibvent 20 et 4 boess. froment.

« Les hoirs feu Jehan Picoulleau, pour leur lieu sis es Hayes de Sarce, doibvent 6 boess. froment.

« Les hoirs feu Vincent Gareau, pour leur lieu des Caves et choses appelees les Hayes de Sarce, doibvent 14 boess. froment.

« Rene et Mathurin les Boullayz, pour leurs choses estant des Tuffieres, doibvent 6 boess.

« La veufve et hoirs feu Pierre Collas, pour sa maison sise au bourg de Coulonge et pour autres choses comprinses en leur baillee, doibt. 2 boess.

XVI. — *Rentes muables de froment deubz a la dicte seigneurie aux termes angevynne, receuz par le dict recepveur*, etc.

« Jullian Agier, pour le lieu et appart. de la Grassetiere, qui furent a vie dont le dict Jullian faist la derniere vie, doibt ung boess. froment a la mesure Desguebelles.

« Damoyselle Anne Beuscher, pour son lieu de Chalubert, doibt ung boess. froment.

« Les hoirs feu Guill. Landays, pour leurs choses de la Jesselliniere tenue a vie, doibvent 20 et 4 boess. froment.

XVII. — *Aultre recepte faicte de froment recueilliz au terme en lan de ce present compte es mestayries et clouseries Desguebelles.*

« Compte le recepveur avoir receue neuf vingt neuf boesseaux de froment, pour moutie de froment recueilliz es mestayries et clouseries du dict domayne Desguebelles, les moytures poyees et semences levees en ce comprinses la disme de Valsegree.

XVIII. — *Aultre recepte faicte de froment des rentes et arrerages des annees precedentes.*

« Compte le recepveur avoir receu 443 boess. et demy ung tiers et ung quart froment desquels il est demeure redevable ainsi que appert par arrest de ces comptes derniers renduz.

XIX. — *Rentes immuables de blez seigle deuz a la dicte seigneurie au jour et feste de la Nativite de Nostre Dame Angevynne, receue le dict recepveur en lan de ce present compte.*

« Julian Salmon doibt en la compagnie des epoux Guillaume Fronteau 3 boess. seigle pour le lieu et appartenance de la Fontayne sis pres Fontayne Chenon.

« Damoyselle Marthe de Beif, dame de Genevrays, veufve de deffunct noble homme Geoffroy de Chemens, pour 1 piece de terre nommee les Jouberdiere, sise pres le lieu de Genevrays, joignant pour partie au ruisseau de la Fontayne de Chenon doibt par chacun an au d. terme 15 boess. ble seigle, a la mesure Desguebelles, et len acquitent et poyee pour elle les detenteurs du lieu de la Brosse, qui est la v[e] feu Jehan Navarre, Estienne Lebourg et Loys Hue.

« Recue de Gatian le Herissons et autres pour

leurs frarescheurs, pour leur lieu et appart. de la Texcerie, doibvent 30 boess. seigle, mesure Desguebelles.

« Jehan Regnault et autres frarescheurs, qui sont Mathurin Geoffroy, Guill. Moreau et Andre Pelle, a cause de leurs femmes, pour le lieu et appart. de la Varenne, doibvent 60 et 12 boess. seigle, mesure Desguebelles.

« Le sus dict et hoirs feu Guill. Fronteau, pour 1 cave et appart. dicelle nommee la cave de la Hallerye, doibvent 6 boess. 1/2 de seigle.

« Les hoirs feu Laurent Moreau pour le lieu et appart. de la Rabarye, sis en la paroisse de Coulonge, doibvent 30 boess. seigle a la dicte mesure.

« Pierre Marquer et les hoirs feu Loys Bonsergent, pour le lieu et appart. de la Houssays sis en la paroisse de Coulonge, doibvent 60 boess. seigle.

« Les enffans feu Olivier Gareau, pour leur lieu et appartenances de la Guebellerye, doibvent 40 et 2 boess. seigle.

« Thomas Foye, les hoirs feu Guill. Foye et hoirs feu Mathurin Cartereau, pour leur lieu et appartenances de la Charbonnellerie, doibvent 30 boess. seigle.

« Pierre Marquer et Mathurin Godelfroy, charpentier, pour le lieu et appart. de la Rabarye, doibvent 30 et 6 boess. seigle.

« Messire Jehan Lefranc, cure de Juille, pour

le lieu et appartenance de la Charbonnellerye par acquest quil en a faist de Guyon Fournier et Jehan le Moulnier, heritier de deffunct Jullian Rideau, doibt 18 boess. seigle.

« Mathurin Chevalier, pour son lieu de Pepineau ou de present faist sa demeurance, doibt 10 boess. seigle a la dicte mesure.

« Le S[r] de la Picquerye, pour son lieu et appart. de la Picquerye, doibt 20 et 3 boesseaux seigle.

« Les hoirs feu Jehan Guyton de Sarce et Pierre Guyton ses frarescheurs, Mathurin Guyot, a cause de sa femme, et les enffans Mace Gillier, a cause de leur deffuncte mere, pour le lieu et appart. de Fasse, doibvent 6 boess. seigle.

« Les sus dictz, pour 1 piece de terre sis pres lestang de Fasse, doibvent 2 boess. seigle.

« Jehan Vidaulde, la Bariere, la veufve Jehanne Navarre Lapartrelle, Mathurin Guyot, a cause de sa femme, et les enffans Mace Gillier, a cause de leur deffuncte mere, et autres leurs frarescheurs, pour le lieu de la Colliniere, doibvent 12 boess. seigle.

« Les sus dictz et les epoux feu Denys Bougard, pour le lieu et appart. de Vaurobert, doibvent 9 boess. seigle a la mesure Desguebelles.

« Les hoirs feu Collin et Guill. les Fournier, en lacquit des epoux feu Jullian Rideau, pour 1 piece de terre sis prez la maison des epoux des dessus dictz

Collin et Guill. les Fournier, la dicte piece appelee les Fougerolles, doibvent 3 boess. seigle.

« Les hoirs feu Jullian Rideau, pour leur lieu et appartenance de la Raharye, *alias* les Fougerolles, doibvent 1 boess. seigle.

« Les hoirs feu maistre Guill. Villays, pour le lieu et appart. de laistre Grignon, doibvent 18 boess. seigle.

« Les hoirs feu Jehan Picoulleau, pour le lieu des Hayes de Sarce appele le lieu au Picoulleau, doibvent 15 boess. 1/2 seigle a la d. mesure Desguebelles.

« Les hoirs feu Vincent Gareau, pour leur cave et appart. dicelle sis es Hayes de Sarce, doibvent 1 boess. 1/2 seigle.

« Messire Francoys Aures, par acques quil a faist de deffunct Michel Moreau dune piece de terre sise pres la grande mestayrie de Sarce, doibt 3 boess. seigle.

« Lucas Berault, a cause de sa femme veufve de deffunct Jehan Bellenger alias la Rische, pour son lieu et appartenance du Petit Fasse, doibt 6 boess. seigle.

« Jehan Honguer et Guill. Hertelou, pour leurs choses de la Championniere, doibvent 40 et 4 boess. seigle.

« Les hoirs feu Jehan du Vau et les hoirs feu Jehanne Parent, pour leurs choses sise a la Championniere, doibvent 30 et 2 boess. seigle.

« Les hoirs feu Jehan Guebrunet, qui est Gilles Guebrunet et les hoirs feu Pierre Landays, pour le lieu et appart. de la Butonniere, doibvent 40 et 2 boess. seigle.

« Les hoirs du d. Guebrunet et Gervayse Lefaucheulx, pour le lieu et appart. de la Sauvagere, doibvent 20 et 1 boess. seigle.

« Les hoirs feu Guill. Landays, pour le lieu et appart. de la Robiniere, doibvent 20 et 6 boess. seigle.

« Les d. hoirs pour le lieu et appart. de la Chesnaye, doibvent 50 et 6 boess. seigle.

« Les d. hoirs pour le lieu et appart. des Fillieres, doibvent 2 boess. seigle.

« La ve Ambroyse Bezard, pour ses choses de la Chesnaye, doibt 30 boess. seigle.

« Le cure de Coulonge, pour son presbytaire, son jardin, cour et issues, doibt 20 et 4 boess.

« Mathurin Cougnard, Jehan Bezard Gendrye, Jehan Boulleau et autres, leurs farescheurs, heritiers de deffunct Guill. Joubert, pour le lieu et appart. du Genetay, doibvent 2 boess. seigle.

« Le Sr de la Groisserye, pour 1 maison, terre et jardin avecque un taillis, les d. choses sises pres le bourg de Coulonge, doibt au d. terme 3 boess. seigle.

Les hoirs feu Pasquier Hurson, pour leur lieu, maison et choses du lieu appele le Ronseray, doibvent 9 boess. a la d. mesure.

XX. — *Rentes muables de blez seigle deues a la dicte seigneurie receue par le dict recepveur aux termes de Nostre Dame Angevynne.*

« Guyon Fournier et Jehan le Moulnier, pour le lieu et appart. de la Cadoriere quilz tiennent aux vies de leurs femmes et aultres parties vivant dicelles, doibvent 40 et 8 boess. seigle.

« Jullian Agier, pour le lieu et appartenances de la Grassetiere quil tient a vies et le d. Jullian faist la derniere vie, doibt 60 et 3 boess. seigle.

« Damoyselle Anne Beuscher, pour le lieu et appart. de Chalubert tient a vies dont la d. damoiselle faist la derniere vie, doibt 7 boess. seigle.

« Guillaume Ernoul et les hoirs feu Jehan Ernoul, pour les choses de la Jesselliniere quilz tiennent a vie dont le d. Guill. Ernoul faist la derniere vie, doibvent 20 et 4 boess. seigle.

XXI. — *Aultre recepte faicte de seigle recueilly en lan de ce present compte es mestayries et clouseries du lieu Desguebelles.*

« Compte le d. recepveur avoir receue en lan de ce present compte 501 boess. seigle recueilly es mestayries et clouseries Desguebelles les mestives poyees et semences levees en ce comprins la dismerie de Valsegree.

XXII. — *Aultre recepte de seigle faist par le recepveur des rentes et arrerages deubz des annees precedentes.*

« Compte le recepveur avoir receue 15 cens soixante et 16 boess. seigle, desquels il estoit demeure redevable a messieurs, ainsi que appert par larest de son compte dernier renduz.

XXIII. — *Aultre recepte faist de bledz moulture en lan de ce present compte.*

« Compte le recepveur avoir receue huyt vingt huyt boesseaux bled moulture pour la ferme du moulin de Chenon, qui vallent 14 septiers, a 12 boess. le septier a la d. mesure Desguebelles.

« Compte le d. recepveur avoir receue 15 boess., desquels il estoit demeure redevable, ainsi quil est par larest de ses comptes dernier.

XXIV. — *Rentes immuables dorge deus a la d. seigneurie au terme angevynne.*

« Les hoirs feu Jehan Picoulleau, pour leur lieu et appart. sis es Hayes de Sarce, appele le lieu au Picoulleau, doibvent au terme angevynne 12 boess. orge.

XXV. — *Rentes muable dorge deus a la seigneurie au d. terme angevynne.*

« Jullian Agier, pour le lieu de la Grassetiere quil tient a vies dont le d. Jullian faist la derniere vie, doibt aux d. terme angevynne 20 et 4 boess. orge.

XXVI. — *Aultre recepte faicte dorge recueilly en lan de ce present compte es mestayries et clouseries du d. domayne Desguebelles.*

« Compte le recepveur avoir receue, en lan de ce present compte, 40 et 8 boess. orge pour moutie des orges recueilly en lan de ce present compte es mestayries et clouseries du d. domayne Desguebelles, les mestives poyes et semences levees en ce comprins la dismerie de Valsegree.

« Aultre compte le d. recepveur avoir receue 17 boess. orge desquelz il estoit demeure redevable, ainsi quil appert par larest de ce compte rendus.

XXVII. — *Rentes immuables davoyne deue a la d. recepte au terme angevynne receue a la d. recepte en lan de ce present compte.*

« Messire Jehan Lefranc, cure de Juille, pour le lieu et appart. de la Charnellerye, par acquest quil en a fait des hoirs feu Jullian Rideau, doibt 18 boess. davoyne.

« Pierre Marquer et Mathurin Godeffroy, pour le lieu et appart. de la Raharye, doibvent 12 boess. avoyne.

« Jehanne Honguer et ses frarescheurs et Guill. Hertelou, pour leurs choses de la Championniere, doibvent 18 boess. avoyne.

« Les Duvaulx et les hoirs feu Jehan Parent, pour leurs choses de la Championniere, doibvent 8 provendiers avoyne, qui vallent a la dicte mesure 24 boess.

« Les hoirs feu Jehan Guebrunet et feu Guill. Landays, pour le lieu et appart. de la Butonniere, doibvent aud. terme 20 et 4 boess. avoyne.

« Les sus dictz Guebrunet et Gervayse Lefaucheulx doibvent au d. terme 15 boess. avoyne.

« Les hoirs feu Guill. Joubert, pour le lieu du Genetay, doibvent 9 boess. avoyne.

XXVIII. — *Rentes muables davoyne deue a la recepte au lieu Desguebelles au dict terme angevynne receue par le recepveur.*

« Les hoirs feu Guill. Landays, pour les clouseries de la Jesselliniere quilz tiennent a vies, doibvent avoyne 12 boess.

XXIX. — *Aultre recepte faicte davoyne recueilliz es mestayries et clouseries du d. domayne Desguebelles en lan de ce present compte.*

« Compte le recepveur avoir receue en lan de ce present compte six vingt dix boesseaux avoyne, pour moutie des annees recueilliz es mestayries et clouseries du d. domayne Desguebelles les mestives poyees et semences levees en ce comprins la disme-rie de Valsegree.

« Compte le d. recepveur avoir receue 20 et 6 boesseaux avoyne, desquelz il est demeure redevable, ainsi quil appert par larest de ses comptes derniers renduz.

XXX. — *Recepte de porcs des mestayries et clouseries.*

« Compte le d. recepveur, avoir receue 18 porcs des mestayries et clouseries de Estienne Bellenger, clousier du lieu Desguebelles.

« De Michel Herisse, mestayer du d. lieu, receue 3 porcs.

« De Thomas Cureau, clousier du lieu de la Retiniere, receue 2 porcs.

« De Symon Fronteau, mestayer de Lespinay, receue 3 porcs.

« De Michel et Pierre Hurson, mestayer du lieu de Courcelles, receue 2 porcs.

« De Jehan Ernoul, mestayer de la Gillardiere, receue ung porc.

« De Pierre Symon de la Guytiere receue 2 porcs.

XXXI. — *Receptes de febves faicte en lan de ce present compte.*

« Compte le recepveur avoir receue 5 boess. febves pour moutie des febves recueilliz en lan de ce present compte es mestayries et clouseries Desguebelles.

XXXII. — *Receptes de poys.*

« Compte le recepveur avoir receue 5 boess. poys pour moutie des poys recueilliz es mestayries et clouseries Desguebelles.

XXXIII. — *Recepte de serres faiste en lan de ce present compte.*

« Compte le d. recepveur avoir receue 6 boess. de serres pour moutie des serres recueilliz en lan de ce present compte es mestayries et clouseries Desguebelles.

XXXIV. — *Recepte de mil.*

« Compte le recepveur avoir receue 12 boess. mil pour moutie du mil recueilliz es mestayries et clouseries Desguebelles.

XXXV. — *Recepte de napveaux.*

« Compte le recepveur avoir receue 30 et 5 boess. napveaux, en lan de ce d. compte, pour moutie des napveaux recueilliz es mestayries et clouseries.

XXXVI. — *Recepte de laines.*

« Compte le d. recepveur avoir receue 60 livres layne nette recueillyz es mestayries et clouseries Desguebelles.

XXXVII. — *Recepte de toilles.*

« Compte le recepveur, pour moutie de chambres (chanvres) en lan de ce present compte es mestayries et clouseries Desguebelles compte le recepveur avoir faist faire 40 aulnes de toilles des chambres recueilliz es mestayries et clouseries.

XXXVIII. — *Recepte de vin.*

« Compte le recepveur avoir este recueilliz 20 et 4 pippes de vin es vignes du d. lieu Desguebelles.

XXXIX. — *Recepte de beure des mestayries et clouseries.*

« Compte le d. recepveur avoir receue 60 livres de beure es mestayries et clouseries.

XL. — *Recepte de chappons et poulles deues de rentes et les d. chappons des mestayries.*

« Compte le recepveur avoir recue 18 chappons des mestayries et clouseries du d. lieu Desguebelles.

« Receue 2 poulles de Pierre Marquer et de Mathurin Godeffroy, pour le lieu de la Raharye.

« Receue du d. Marquer et des hoirs feu Loys Bonsergent, 10 poulles, pour le lieu de la Houssaye.

« Receue de Guyton Fournier et Jehan le Moulnier 2 poulles, pour le lieu et appart. de la Cadoriere.

XLI. — *Mise de froment, seigle, moulture, orge, avoyne faist en lan de ce present compte.*

« Fourny a labbaye de St Vincent au Mans 297 boess. froment, 36 ont este depensez a la maison Desguebelles, et 8 vingt huyt boess. ont este vendu.

« Vendu 1735 boesseaux de seigle, 14 boess. depensez aux Esguebelles par la garde plus 24 boess. froment.

« 111 boess. bled moulture despensez aux Esguebelles pendant le temps des vendenges et aultres temps, pour les manœuvres et aultres besongnes et affaires de la maison Desguebelles.

« Vendu 99 boess. orge, 6 boess. depensez a la

maison par les manœuvres par luy recepveur mys en besongnes pour les affaires de la maison.

« Vendu 75 boess. avoyne, 73 boess. depensez, tant par les harnoys de labbaye que par les chevaulx des gendarmes, plus 20 boess. despensez en temps des vendenges par les juments et chevaulx qui portoient les vendenges.

XLII. — *Mise de potaiges scavoir es poys, febves, serres et napveaux faist en lan de ce present compte.*

« 10 boesseaux potaiges tant poys, febves, que serres baillees aux vignerons qui font les vignes du grant lieu de Gastehalle, plus 6 boess. potaiges despensez a la maison, tant par luy recepveur que par les manœuvres, mis par luy en besongne aux affaires de la maison, plus 30 et 5 boess. napveaux a la maison aux temps des vendenges que aultre temps par les manœuvres mis en besongne.

XLIII. — *Mise de toille et fil.*

« Employe 40 aulnes de toille a faire draps de list, poches et bissars.

« Envoye a St-Vincent, par Loys, varlet de la d. abbaye, 60 et 12 livres de fil chambre recueilliz en lan de ce present compte.

XLIV. — *Mise de chappons et poulles, beure, porcs, noix, laines, vin.*

« 3 chappons envoye a St-Vincent, 10 aultres despensez a la maison Desguebelles, tant par luy que par les gens venuz a la maison ; plus 10 aultres este mange a la d. maison et 6 poulles.

« 60 livres de beure despensez, tant par luy que par les manœuvres et aultres gens allant et venant en la d. maison.

« Envoye 14 porcs a Tuffe, par Pissot, varlet de labbaye de St-Vincent, par le commandement du Sr frere Guy Davener? plus 4 porcs pour la provision de la maison.

« 260 boess. de noix envoye a St-Vincent, 10 boess. de noix baillee aux vignerons du grant cloux es Gastehalle et marche faisant les d. vignes.

« Envoye 60 livres de laine a St-Vincent, plus 22 pippes de vin, que Pierre Housseau voisturier, a charroyer au d. St-Vincent et 10 pippes charroyer par les varlets et harnoys de la d. abbaye.

« Despensez a la maison Desguebelles, 2 pippes de vin, tant par le recepveur que par les allant et venant, de la d. maison Desguebelles.

« Ces presentz comptes de la terre et seigneurie Desguebelles, pour lannee commenzant le jour et feste de la Nativite de S. Jehan Baptiste lan 1538 le dict jour y includ et finissant a semblable jour lan 1539 lan revolu ont este leuz mise et examine clos et arestez en labbaye St-Vincent par nous cy dessous seigne par lesquelz appert que la recepte des deniers tant ordinaires que extraordinaires, se monte en somme total a 518 livres 14 solz 2 deniers et la mise se monte a 358 livres 3 solz 4 deniers, comprins les gages du d. recepveur, parquoy doibt le d. recepveur huyt vingt livres 10 solz 10 deniers tournois; la recepte du fourment mesure du d. lieu se monte a 716 boess. 1/3 et la mise se monte a 544 boess., parquoy le recepveur a huyt vingt douze boess. 1/3; la recepte de meteil se monte a 38 boess. et la mise esgalle a la d. recepte. La recepte de seigle se monte a 2999 boess. 1/3 et la mise se monte a 1789 boess., parquoy doibt le d. recepveur 1210 boess. 1/3; la recepte de la moulture se monte a 295 boess. et la mise se monte a 111 boess., parquoy doibt le d. recepveur neuf vingt quatre boess. La recepte de lorge se monte a 113 boess. et la mise 108, parquoy doibt le d. recepveur 5 boess. La recepte davoyne se monte a 311 boess. et la mise huyt vingt huyt boess., parquoy doibt le d. recepveur sept vingt trois boess. La recepte du vin de lannee presente est esgalle a la mise. La recepte des aultres grains et aultres choses comme poys, febves, serres, noix, laines, toilles, napveaulx et porcs est esgalle a la mise sauf toute erreur du present compte faist sous nos seingz manuels cy mit le segond jour de mars l'an 1540 (signé) Boullenger, J. Le Moulnier, Dupont, J. Lusson, Devillenecte, J. Dubusson, Desbois. »

Dans les divers titres authentiques des XVIIe et XVIIIe siècles que nous avons été à même de consulter, la terre seigneuriale des Aiguebelles prenait le nom de *chastellenie* [1] *des Eguebelles;* à cette époque, elle se composait des métairies de La Hallerie, de Courcelles, de La Grassière ou Grassetière, de La Fontaine, de La Cour ou métairie des Aiguebelles, de Lepinay, du Bourg, de La Cadorière, de La Gillardière, du moulin de Chenon, des maisons, jardins et *champs*, à La Houssaye, au bourg de Coulongé, au Lude, etc., etc.

[1] La *Coutume du Maine* porte : « Celui qui a droit de châtellenie, est fondé d'avoir châtel ou merc de châtel, grands chemins péageux, la connaissance des délits faits en iceux chemins péageux (ils doivent avoir le moins 14 pieds de largeur) acquits, brancheres, travers, prévôté, foires, marchés, sceaux de contrats. mesure, à bled et à vin, dont il prend le patron à soi-même, et au merc du gibet de la dite justice patibulaire, peut mettre trois piliers.

« Le seigneur châtelain est fondé d'avoir toute justice, haute, moyenne et basse, avec la connaissance des grands cas ci-après déclarés.

« C'est à savoir de ravissement des personnes, d'homicide fait de guet-à-pensée et d'encis, qui est de meurtrir femme enceinte, ou son enfant au ventre, d'embraseurs de maisons, guetteurs de chemins, sacrilégès, dérobeurs ou déserpilleurs de passans les dits chemins, dépopulateurs de champs, brigans, empoisonneurs,

Nous croyons devoir indiquer très-sommairement les conditions de quelques baux de ces diverses métairies :

LA HALLERIE. — En 1691, 1697, 1712, 1724 et 1733, cette métairie est affermée pour 6 années 6 *cueillettes* par les RR. PP. dom Pierre Bienvenu, dom Jean-Baptiste Perigaud, dom *Anthoine* Normand, prêtres religieux et cellérier de l'abbaye de St-Vincent, de l'ordre de St-Benoît, congrégation de St-Maur, aux époux Metaireau, moyennant 6 septiers de meteil, 6 septiers de seigle, 3 septiers d'orge, 1 septier d'avoine, à la mesure de la *châtellenie des Guebelles,* plus au jour de *Pentecoste* 2 moutons *prins* sur la bergerie, au choix des religieux, la moitié d'*un poids de beurre salé et empoté*, 12 poules et 15 *rées* de noix. (Gabriel Martineau, not. à Sarcé; Mandroux, not. au Mans ; Truillet, not. à Mayet.)

Le bail de 1738 est fait par « R. P. dom Guillaume l'Escoazet, prêtre religieux bénédictin de

et autres cas semblables qui en dépendent, etc. Le seigneur châtelain peut faire bons, édits, cris et proclamations, mettre et indire peine sur ses sujets, selon la qualité et nécessité du cas.

« La marque du château, dit Bodreau, est une basse cour fortifiée de fossés et pont-levis, avec une grosse tour carrée, et un moulin à bras au dedans ; celui qui a cette dignité, peut empêcher de bâtir forteresse au dedans de son fief. » (Ollivier de St-Vast.)

l'abbaye de St-Vincent[1], ordre de St-Benoît, congrégation de St-Maur, cellérier de l'abbaye, l'un d'iceux et leur procureur, seigneur spirituel et temporel de Sarcé, Coulongé et la chastellenie des Eguebelles au dist Coulongé, lequel a baillé pour 7 ans 7 cueillettes à titre de chalet sous le bon plaisir du R. P. abbé, prieur et religieux de la dite abbaye, la métairie de La Hallerie à Julien Allard. » Les conditions sont à peu près les mêmes que dans les précédents. Ce bail a été contrôlé à Mayet, et il a été fait en présence de « Me Louis Grandhomme, curé de Coulongé, et messire Panphille-Gilbert de Martineau, escuyer, sieur des Fromentières à Pontvallain. » (Truillet, not. à Mayet.)

Les baux de 1746, 1753, 1758, 1765 et 1771 ont été consentis par R. P. dom Joseph Brion, dom Pierre Martin, dom Guillaume Guillon et dom Pierre-Jacques Beaudoin, « tous prêtres religieux, bénédictins, cellériers de l'abbaye de St-Vincent faisant pour les RR. PP. prieur, religieux, et couvent de l'abbaye, seigneurs de la *chastellenie des Ayguebelles*, paroisses de Sarcé et de Coulongé, membre dépendant de la dite abbaye, » à Louis Allard, moyennant « 6 septiers de meteil, 6 septiers

[1] L'abbaye de St-Vincent possédait sous la féodalité les seigneuries de St-Pavace, de St-Longis, de Sarcé, de la Maignane (à Dangeul), des Aiguebelles et les terres de Coulaine et de Tuffé.

de seigle, 3 septiers d'orge, 1 septier d'avoine, 3 poids de chanvre, 1 mouton, 10 chapons pailllers, un demi poids de beurre (6 livres 1/2). » Tous les grains doivent être mesurés à la mesure du Lude, « le 12e comble et net de poux (ballier) et terre et rendu dans les greniers des *Guebelles;* » le fermier était obligé « de tirer son vin aux pressoirs de la dite châtellenie. » (Martin, not. à Pontvallain.)

COURCELLE. — Cette métairie est *baillée* à ferme en 1692, 1717, 1753, 1758, 1766 et 1779, par les religieux de St-Vincent, à Urbain Truillet et autres.

La durée de ces baux est fixée, dans les uns, à 7 années 7 *cueillettes*, et dans les autres, à 9 années 9 *cueillettes;* le prix est de 10 septiers de seigle, 5 septiers de froment, 3 septiers d'orge, 2 septiers d'avoine, mesure du Lude, le 12e comble, un poids de beurre, 1 mouton et 12 canards. (Not., Martineau, Leluau et Dagoreau, à Sarcé.)

LA GRASTIÈRE OU GRASSETIÈRE. — Les divers baux de cette métairie, de 1702 à 1765, sont donnés pour 6 *ans* 6 *cueillettes*, 7 *ans* 7 *cueillettes*, *et* 9 *ans* 9 *cueillettes*, aux époux Herissé, Jacques Drouault et Nicolas Scionneau, moyennant « 11 septiers de seigle (le septier vaut 12 boisseaux), 2 septiers d'orge, 1 septier d'avoine, 1 mouton et 2 chapons ; le dernier boisseau de chaque septier de grains doit être mesuré comble et la vendange du lieu doit être pressurée aux pressoirs[1] des *Eguebelles*, et la moitié du vin appartiendra au R. P. abbé.» On remarque, parmi les témoins de ces divers actes, Guillaume Lechesne, sergent à Coulongé; François Martineau, prieur de Sarcé; Martineau, notaire à Sarcé, et René Lebouc-Duvollier, chirurgien auss ià Sarcé. (Not., Leluau, à Sarcé; Truillet, à Mayet.)

LA FONTAINE. — De 1704 à 1782, la métairie de La Fontaine a été affermée avec les terres, les caves, qui étaient autrefois de la *baillée* de La Guibellerie, et les bâtiments situés à Coulongé, aux sieurs Legrau, Thomas Brière et Jean Péan; le prix en varie de 55 livres à 66 livres, et tous ces actes portent la clause expresse «que la vendange qui sera recueillie sur les objets affermés sera pressurée aux pressoirs de la châtellenie des *Eguebelles*, et que la moitié du vin appartiendra aux religieux;» cette condition existe dans tous les baux des différentes métairies, qui sont toujours louées pour 6, 7 et 9 *cueillettes*. (Not., Martineau et Dagoreau, à Sarcé.)

LA COUR. — Les religieux de St-Vincent *baillent* la métairie de La Cour et l'étang de La Hallerie, en 1711, à Hardouin, pour 1 cochon ou 20 livres,

[1] «Tout seigneur a droit de contraindre ses sujets à tourner à son pressoir au regard des vignes qu'ils tiennent de lui, le dit pressoir étant en état, et au dedans de demi-lieue de distance des vignes.» (*Cout. du Maine.*)

3 moutons ou 6 livres, au choix du R. P., plus 26 livres de « beoure net salé, et empoté, 4 coins de beoure, 1 cent de paille, 12 poulets et 45 livres. »

Les RR. PP. dom Jacques-Nicolas Chrestien, abbé, dom Jean-André Cossard, prieur, dom Antoine Guérin, dom Antoine Rivet, dom Charles Fermot, dom Louis Bouët Cochetière, Jean Letort, Nicolas Jolly, Jean-Madelaine Letourneau, Louis Regnier, Antoine Quinquet, Vincent Goufin, Julien Hollicart, Pierre-Laurent Digard et Sebastien Dugas, tous religieux de la dite abbaye de St-Vincent « capitulairement assemblez au lieu et en la manière accoutumée, donnent à ferme, en 1743, *à moitié et colonie partiaire* pour 6 ans, à Jean Truillet, la métairie de La Cour avec l'étang aboutant au moulin de Chenon ; prix, 100 livres, 1 cochon ou 20 livres, 3 moutons au choix des RR. PP., 26 livres de beurre salé en pot, 4 coins de beurre de chacun 2 livres *le coin frais* et 12 poulets. En 1756, La Cour est *baillée* à Truillet pour 11 septiers de seigle, 6 de froment, 6 d'orge, 2 d'avoine, 18 boisseaux de blé noir, 28 livres de beurre frais, 12 poulets et 2 moutons. » (*Tit. auth.*)

Presque tous les fermiers des « Guebelles » sont obligés par leurs baux « de charroyer gratuitement 2 pipes de vin à la Choüanne ou de donner 2 livres. » (Not., Rouillard, aux *Eguebelles* ; Leluau, à Sarcé.)

LEPINAY. — La métairie de Lepinay est *baillée*, en 1714, pour 8 septiers de seigle, 2 septiers de froment, 2 septiers d'orge, 1 septier d'avoine; témoins Lechesne, sergent aux *Guebelles*, et Rouillard, notaire à Coulongé. En 1753, Lepinay est affermé pour « 4 septiers de froment, 8 de seigle, 1 d'orge, 1 d'avoine et 1 mouton, aux époux Janvier. »

Les clauses des baux des métairies du BOURG, de La CADORIÈRE, de La GILLARDIÈRE, du moulin de CHENON, des maisons, jardins, terres de Coulongé et de La Pointe au Lude, ne contiennent rien de remarquable. Beaucoup de terres de la paroisse de Sarcé devaient des rentes à la châtellenie des *Guebelles* aux XVIIe et XVIIIe siècles; les conditions de ces baux n'offrent aucune particularité; nous citerons néanmoins les lignes suivantes :

« Le GENETAY, à Coulongé, et Les BABINIÈRES, à Sarcé, doivent ensemble, en 1729, aux *Guebelles* une rente de 11 *boisseaux* 5 *écullées* de froment, 33 *boisseaux* de seigle, 2 *boisseaux* 3/4 d'avoine et 3 sols 3 deniers en argent.

« Une maison au bourg de Sarcé doit une rente de 3 sols 5 deniers au jour de St-Jehan-Baptiste aux *Eguebelles* (1706).

« 1686. La terre de Picace des Grands-Champs doit au fief des Eguebelles, au jour de l'angevine, 6 boiss. from., mesure des Eguebelles.

« Le clous des Leards et Le Cormé doivent obéissance aux Eguebelles.

« Les Braudières, proche La Championnière, doivent 8 solz de debvoir, au jour de St-Jehan-Baptiste, aux Eguebelles.

« Le clous des Rigauldières en Sarcé doibt obeissance à la seigneurie des Eguebelles. »

La terre des Picoulleaux, dépendant du prieuré de Sarcé, « doit au jour de angevinne aux *Eguebelles*, 2 boisseaux froment, 16 boisseaux seigle, 12 boisseaux orge, mesure de la châtellenie, et, au jour de St-Jehan-Baptiste, 20 sols 8 deniers de rente et 6 den. de cens. »

Les Babinières, la maison du bourg de Sarcé et les Picoulleaux « étaient aussi sous le devoir des Aiguebelles. » (*Div. tit. auth.*)

Prix du froment, mesure des Aiguebelles.

ANNÉES.	LIV.	SOLS.	ANNÉES.	LIV.	SOLS.	ANNÉES.	LIV.	SOLS
1715	»	18	1726	1	2	1734	»	15
1716	»	17	1727	»	16	1735	1	»
1719	1	4	1728	»	14	1738	2	»
1720	1	14	1729	»	18	1739	1	5
1722	1	8	1730	»	19	1741	1	10
1723	1	16	1731	»	15	1745	2	5
1724	2	6	1732	»	13	»	»	»
1725	1	8	1733	»	14	»	»	»

La famille de Colomb de Battine date du XIVe siècle et est originaire de la Côte-Saint-André en Dauphiné ·

Guy Alard, dans son *Nobiliaire du Dauphiné*, page 108, donne sur cette famille la notice suivante : « Le sieur de Battine fut, en 1671, maréchal des logis de la compagnie des grands mousquetaires, et gouverneur d'Ourchie en Flandre. Gabriel de Colomb, son aïeul, fut capitaine de deux cents hommes, en 1585, et Claude de Colomb, son frère, eut une compagnie franche d'infanterie pour la garde du château de Demont en Piémont. » (Voyez *Almanach de la noblesse,* 1848. — Chorier, Nicolas-Guy Alard et St-Alais.)

M. le comte de Colomb de Battine, propriétaire des Aiguebelles depuis 1828, a épousé Mlle Catherine Stellaye de Baigneux de Courcival.

On lit dans l'*Armorial* de Cauvin, au mot Baigneux : « Baigneux, seigneur de Courcival, de Montigny, de Glatigny; Antoine, seigneur de Courcival; Charles, seigneur de Montigny, et Pierre, furent appelés à l'arrière-ban, 1689. Jacques-François assista à l'assemblée de la noblesse du Maine, 1789. »

ARMES.

De Colomb de Battine : Tiercé en fasce de gueules, or et sable. L'or chargé de trois colombes d'azur, becquées de gueules. Devise : En fedelta finirò la vita.

De Baigneux, seigneur de Courcival : De sable, à 3 étoiles d'or, posées 2 et 1. (N. Chorier, — La Chenaye-Desbois.)

X

CHATEAU DE CHARBON OU CHERBON.

L'ancien château de Charbon ou Cherbon n'existe plus; il est remplacé par une maison bourgeoise qui n'offre rien de remarquable. « En 1658, dit Pesche, René Le Bigot, écuyer, sieur de Cherbon[1], relevait de Philippe de La Martelière, conseiller au parlement de Paris, seigneur de la châtellenie de Fay (Mansigné); et en 1668 et 1670, de Gédéon L'Enfant, seigneur de Bazouges. » Ailleurs le même auteur s'exprime ainsi : « Suivant un aveu de 1679, Pierre Valois[2] et demoiselle Cherbon, son épouse probablement, doivent au seigneur châtelain de la Faigne[3] en Pontvallain, la foi et l'hommage et

[1] Cherbon, seigneur de Cherigny, à Chenu, assiste à l'assemblée de la noblesse d'Anjou en 1789. (Cauvin.)

[2] Voyez *Rech. hist. sur Vaas et Lavernat*, p. 136 et 137.

[3] On lit dans un manuscrit du XVIe siècle les passages suivants :

« Ladveu et denombrement de Beaudouyn des Roches pour son habergement de la Faigne mouvant de Chasteau du Loir, scelle de son scel au moys de juing lan 1342.

« Ladveu et denombrement de Guillaume Morin, seigneur de Loudun, pour la haute justice de la Faigne et autres appartenances mouvant du d. Chasteau du Loir, scelle de son scel le 3e jour de janvier lan 1393.

« Ladveu et denombrement de *Jehan* des Roches, seigneur

3 deniers de service, comme droit de rachat; et sont tenus l'acquitter de 15 sols qu'il leur doit, comme maître des Guebelles (Aiguebelles), pour son droit sur la moitié des dixmes de Coulongé qu'il tient d'eux. »

Si la plupart des historiens indiquaient où ils ont puisé leurs renseignements, on pourrait vérifier les faits qu'ils ont cités, et les erreurs deviendraient moins fréquentes; ainsi l'aveu que nous venons de reproduire est inexact, car depuis en quelque sorte l'origine des Aiguebelles jusqu'à la révolution, cette terre a toujours appartenu à l'abbaye de St-Vincent. Cette erreur a-t-elle été commise par l'auteur du *Dictionnaire statistique de la Sarthe*, ou existe-t-elle dans le manuscrit dont il s'est servi?

de la Faigne, a cause du lieu mouvant de Chasteau du Loir, scelle de son scel le 25e jour de may lan 1393.

« Ladveu et denombrement de Guill. Morin pour la justice et appartenance de la Faigne, scelle de son scel le 13e jour daoust lan 1404.

« Ladveu et denombrement de Jehan des Roches, seig. de la Faigne, mouvant du d. Chasteau du Loir, scelle de son scel et signe Jean Grisseteau le 1er jour de janvier lan 1407.

« Ung vidimus fait soubz les sceaulx des contractz de la cour du Mans faisant mention de la terre de la Faigne en date du 18 de septembre 1455 signe Lefeure et Decoste marque au dos A VI. »

Les restes de la châtellenie de la Faigne méritent d'être visités, surtout à cause de la chapelle, dédiée à la sainte Vierge. Cette chapelle appartient à M. le comte de Mailly.

Pesche prétend que le château de Charbon[1] ou Cherbon donne son nom à un petit territoire appelé le Cherbonnais, dont les habitants paraissent avoir, d'après cet écrivain, des mœurs différentes de celles du reste de la contrée. « Il est encore infiniment remarquable, dit-il au mot Luché, que la petite contrée appelée Cherbonnais est occupée par une population ayant des mœurs particulières, analogues à celles observées par feu M. Deslandes à Cré : retard dans la civilisation, répugnance à s'allier avec des individus d'un autre territoire, quoique de la même commune ; persévérance à conserver l'ancienne forme des vêtements ; enfin, tout ce qui caractérise une peuplade particulière ayant conservé quelques traces de son caractère primitif. »

Nous avons parcouru la contrée, et nous pouvons assurer que le Charbonnais ou Cherbonnais n'a jamais existé que dans l'imagination de Pesche; nous avons vu les habitants, nous les avons trouvés aussi civilisés que ceux des campagnes environnantes ; les vêtements qu'ils portent sont en tous points semblables, pour la forme, à ceux de leurs voisins, et d'après les renseignements que nous avons

[1] Le seigneur de Charbon devait aux Aiguebelles (1538-1539), pour « 1 maison, jardin, etc., sis au bourg de Coulongé, 6 deniers de cens, au jour de St-Jehan-Baptiste, et 5 sols à la Toussaint. » (*Compte du recev. des Aigueb. aux relig. de St-Vinc.*)

pris il ne leur répugne nullement de s'allier avec les populations des communes limitrophes. Cauvin s'exprime aussi en ces termes sur ce prétendu territoire : « Ce pays est imaginaire, aucun auteur ne cite le Cherbonnais [1]; les habitants ignorent même ce nom, et rien, dans leurs mœurs et leurs habitudes, ne les distingue de leurs voisins. »

En l'an IV, la terre de Charbon appartenait à Bellœuvre ; il y a environ 30 ans, à Dubignon d'Angers, qui fit édifier, près de là, le monument qu'on voit à la *Croix-Brette.* Depuis elle est passée entre les mains de divers spéculateurs et elle appartient actuellement à Mme veuve Pajot, d'Angers. Voici l'origine du mot *Croix-Brette :* En 1370, le connétable Bertrand Du Guesclin, pourchassant les Anglais dans le Maine, leur livra une sanglante bataille dans la lande de Rigalet, entre Mayet et Pontvallain ; le reste de l'armée ennemie se sauva, les uns au château de Vaas [2],

[1] On trouve bien la Charbonnellerie ou Cherbonnellerie (voyez le chapitre précédent); si c'est de cette petite contrée que Pesche veut parler, nous répèterons ce que nous venons de dire pour ce qui a rapport aux habitants.

[2] « VAAS, bourg ou petite ville d'environ 1,000 habitants, qui en compte, dit-on, plus de 1,500, y compris le territoire..... On y trouve une petite place carrée et plantée en quinconce, à l'instar de celle de Château-du-Loir, que ce bourg a voulu imiter en cela, comme cette ville paraît avoir voulu singer celle de Tours, en ouvrant la rue droite qui la traverse d'outre en outre. C'est

les autres à Saint-Maur-sur-Loir, au Pont-de-Cé, etc.[1].

ainsi que les petits cherchent et chercheront toujours à copier les grands. Avant la révolution, Vaas avait une abbaye de Prémontrés dont l'abbé était seigneur haut justicier (c'est une erreur, il n'avait que moyenne et basse justice) de ce bourg; il avait aussi des fortifications, puisqu'il a eu l'honneur d'être assiégé par Du Guesclin, qui le reprit sur les Anglais.

« A un quart de lieue au delà de Vaas, on laisse à droite le château de la Roche, aussi agréable par sa construction élégante et simple, que par son site gracieux dans une jolie campagne près de la rive droite du Loir, que borde, sur la rive opposée, un long rideau de verdure.... » (Vaysse de Villiers.)

Dans un manuscrit intitulé *Mémoire au conseil*, on lit : « On pourrait ajouter un arrêt rendu contre l'official du Mans, le 12 may 1583, entre l'évêque du Mans et les abbés et religieux de Vaas appelant comme d'abus de la sentence de l'official du Mans, par laquelle les dits religieux étaient condamnés à payer 7 années d'arrérages à raison de 10 livres quelques sols chacun an pour droit de visite ou procuration prétendue par le dit évêque; il est porté dans cet arrêt que oüy du Thou pour le procureur général du roy qui a dit que si les compositions pour les droits de visite avaient lieu, ce serait ôter le fruit des visitations; car ceux qui y seraient sujets s'en exempteroient par argent, et sont y celles compositions en argent, nulles, abusives, faites contre les saints décrets, etc.; la cour... dit qu'il a été en tout et partout mal et abusivement procédé, etc. »

Dans un autre manuscrit on trouve également ces lignes : « Il y a un arrêt du parlement de Paris, rendu en l'an 1583, par lequel il a été jugé que l'évêque du Mans n'était pas en droit d'exiger le droit de procuration s'il ne fait lui-même la visitation en personne de l'abbaye de Vaas. » (*Biblioth. du Mans.*)

[1] Voyez *Rech. hist. sur Mayet et ses environs*, 1re partie, et *Rech. hist. sur Vaas et Lavernat.*

Du Guesclin, avant de poursuivre les fuyards anglais qui s'étaient retirés dans le château de Vaas, fit élever une cabane sous un ormeau pour y déposer les blessés; ensuite il fit inhumer ses morts et planter une croix en bois dans ce lieu, qui porte depuis cette époque le nom de *Croix-Brette*; elle fut renouvelée de siècle en siècle, et fut remplacée, en 1828, par un monument plus digne, un obélisque en pierre, où est gravée l'inscription suivante [1] :

ICI,
APRÈS LE COMBAT DE PONTVALLAIN,
EN NOVEMBRE 1370,
BERTRAND DU GUESCLIN,
DE
GLORIEUSE MÉMOIRE,
FIT REPOSER
SES FIDÈLES BRETONS.
UN ORMEAU VOISIN

[1] « Ce lieu est ainsi nommé d'une croix de bois que la Religion y éleva sur la sépulture d'une partie des Bretons et aux braves morts à la journée de Pontvallain, où le connétable de France défit, vers la mi-novembre 1370, l'armée anglaise. L'action s'engagea, sur plusieurs points, entre les lieutenants de Du Guesclin et divers détachements ennemis accourus pour se joindre au corps de bataille. Cette croix, que la piété avait entretenue pendant plus de quatre siècles, étant tombée, M. Dubignon de Cherbon, propriétaire du terrain où elle s'élevait, la remplaça, en 1828, par un obélisque en pierre.» (*Stat. de l'arrond. de la Flèche*, Cauvin.)

SOUS LEQUEL ON ÉLEVA UNE CABANE
POUR LES BLESSÉS,
UNE CROIX
PLANTÉE SUR LES MORTS,
ONT DONNÉ
A CE LIEU
LE NOM D'ORMEAU
ET DE CROIX-BRETTE.
FRANÇAIS!
QUE LES DISSENSIONS INTESTINES,
QUE LES INVASIONS ÉTRANGÈRES
NE SOUILLENT PLUS DÉSORMAIS
LE SOL
DE NOTRE BELLE FRANCE!

Il y a quelques années, on a découvert dix-huit squelettes humains près la maison de Cherbon des victimes probablement de la bataille dont nous venons de parler.

ARMES.

Le Bigot : D'argent à la fasce de gueules.
— : D'argent à l'écureuil de pourpre.
— : D'argent au chevron de sable, accompagné de trois roses doubles de gueules, deux en chef et une en pointe.
— : D'azur à deux palmes adossées d'or, mises en pal.
— : De sable, à trois têtes de léopards d'or.

Il y a plusieurs familles de ce nom dans la Bretagne, dans le Perche, dans la Normandie, et toutes ont des armes différentes ; il en est de même pour la famille l'Enfant.

L'Enfant : D'or à trois fasces de gueules.

— : D'azur à la bande d'argent accostée de deux cotices d'or.

— : D'or à trois fasces de gueules, à la bordure camponée de dix pièces or et gueules. (*Armor. de Provence.* — La Chenaye-Desbois. — Cauvin.)

XI

SEIGNEURIE DE LA PIQUERIE.

Nous lisons ce qui suit dans un compte dressé par le receveur des Aiguebelles pour les religieux de Saint-Vincent (1538-1539) :

« Le seigneur de la Picquerye doibt foy et hommage et unge quintayne a courre au pan a ce estably, donnent a lui semonce la vie de chacun abbe de la dicte abbaye de St-Vincent du Mans, pour raison de son lieu et appartenance de la Picquerye, et 18 deniers de service aux Guebelles.

« Le dict seigneur, pour les choses heritaux que son deffunct pere acquit de feu Gervais Vaugre, doibt 6 deniers de service, au jour de Toussaint, aux Guebelles.

« Le seigneur de la Picquerye, pour raison des choses qui furent a Guillaume Genault, doibt, au jour et feste de Monseigneur S. Jehan-Baptiste, 12 deniers de cens perpetuelz aux Guebelles.

« Le dict seigneur, sur les vignes sises a Sallepoincte, doibt, a la mesme epoque, 18 deniers de cens perpetuelz aux Guebelles.

« Le dict seigneur, pour ung journal de terre sis soubz Sallepoincte, doibt, au dict jour S. Jehan-Baptiste, ung denier de cens perpetuelz aux Guebelles.

« Le dict seigneur, en lacquit de feu Vincent Gareau, doibt, au dict jour, pour ung journal de terre sis pres la Gistardiere, 4 deniers de cens perpetuelz aux Guebelles.

« Le dict seigneur, a la descharge des hoirs feu Franczoys Dufresne, doibt, au dict terme, 5 deniers de cens perpetuelz aux Guebelles.

« Le dict seigneur doibt, au dict terme, pour unge piece de terre appelee le Perray, sise sur la Picquerye, ung denier de cens perpetuelz aux Guebelles.

« Le dict seigneur, en lacquit des hoirs feu Collin Fournier, doibt, au dict terme, 2 deniers obolle de cens perpetuelz aux Guebelles.

« Le seigneur de la Picquerye, pour son lieu et appartenance de la Picquerye, doibt, aux Guebelles, au terme de la Nativite de Nostre Dame Angevynne, unge rente immuable de 20 et 3 boesseaux de seiglé, mesure de la dicte seigneurie, plus, au mesme terme, unge autre rente immuable de 19 boesseaux froment, mesme mesure.

« Le seigneur de la Picquerye, pour ung bordage qui fust Guillaume Gruault, doibt, au jour et feste de Toussaint, aux Guebelles, 14 solz 7 deniers.

« Le seigneur de la Picquerye, pour deux pieces de terre, lune contenant ung journal, sise a la Barriere, lautre contenant deux journaulx, sise a feu La Pierre, doibt, au mesme terme, aux Guebelles, 2 solz de rente perpetuelle. »

La maison seigneuriale de la Piquerie n'offre rien de remarquable.

XII

PASSAU.

Le fief de Passau[1] appartenait, en 1490, à Edmond de Beuil, chambellan du roi, et en 1689 à Jean-Baptiste-Pierre de La Martelière, conseiller au parlement de Paris, seigneur de la châtellenie de Fay, de la terre de Brouassin (Mansigné); ce dernier était porté au rôle de l'arrière-ban de la province du Maine en 1689, et deux membres de la famille de La

[1] M. Triger a écrit sur sa carte, Passé.

Martelière se firent représenter à l'assemblée de la noblesse du Maine en 1789.

La famille de La Martelière est alliée aux maisons de Montmorency, de Luxembourg, de Nicolaï, d'Aubigny, etc., etc.

« Pierre de La Martelière, seigneur de Fay, l'Hermitte, fils de Pierre de La Martelière, conseiller au parlement de Paris en 1632, et de *Madelene* Marescot, sa première femme, mourut le 25 février 1689.

« Jean-Baptiste-Pierre de La Martelière, né le 24 juin 1671, comte de Fay, seigneur d'Amilly, Passau, etc., conseiller au parlement de Paris le 18 juillet 1691, mort le 9 avril 1721.

« Alexandre, appelé le *chevalier* de La Martelière, né en 1707, capitaine au régiment d'Orléans, dragons, marié en 1737 à Louise-Perrine-Françoise Thibault de La Roche-Tulon, sœur de la femme de son frère aîné, dont deux filles, savoir : Angélique-Louise-Charlotte-Dorothée-Jeanne, née en 1738, morte religieuse, et Louise-Charlotte-Josèphe, née en 1739.

« Pierre-Jérôme de La Martelière, comte de Fay, seigneur d'Amilly, né le 30 septembre 1702, capitaine dans le régiment du roi, infanterie, mort à Paris le 2 août 1737, avait épousé, le 18 mai 1728, Marie-Josèphe Thibault de La Roche-Tulon [1], sœur

[1] « Dlle Louise-Charlotte-Gaston Thibault de La Roche-Tulon, demeurant au château de Fay, paroisse de Mansigné, donne à bail la métairie de la Vieille-Roche, située à Sarcé. » Cet acte est

aînée de la femme de son frère, et fille de Jean-Baptiste Thibault de La Roche-Tulon et de Françoise Thibault de La Roche-Tulon, sa cousine germaine, dont : Benjamin-Pierre-Jean-Joseph, né le 17 avril 1730; Jérôme-François-Bernard, né le 20 mars 1732, et Marie-Louise-Charlotte-Émilie, née en 1734. (*Merc. de France.* — *Arm. de France.* — La Chenaye-Desbois.)

ARMES.

De La Martelière : D'or au chevron de gueules, accompagné de trois feuilles de chêne de sinople. (*Merc. de France.*)

— : D'or à un chevron d'azur, accompagné de trois feuilles de laurier de sinople, posées 2 en chef et 1 en pointe. (*Arm. de France.*)

— : D'or à un chevron d'azur, accompagné de trois feuilles d'oranger de sinople. (*Manuscr. des conseil. au Grand-Cons.*)

fait en présence du seigneur des Moriers, sénéchal de Fay, demeurant à Pontvallain, et Morice-Joseph-Jacob Fanouillais, prêtre à Mansigné. (Truillet, not. à Mayet, 1749.) Voyez sur cette famille *Rech. hist. sur Mayet et ses environs*, Ire part., p. 96 et 102.

XIII

FIEF DE L'ABBAYE DE SAINT-VINCENT.

En 1286, Jean Buton, de Coulongé [1], vend à Michel *Le Toisier* et Hélie, sa femme, du Lude, pour 4 livres tournois, un quartier et quart de vigne en Coulongé, au fief de l'abbaye de Saint-Vincent. En 1288, Lizarde, femme de feu Hubert Landeron, donne quittance, le jeudi avant la Saint-Gervais d'hiver, à *Osenne,* femme de Jean *Tendonel,* de 15 sols tournois pour la reconnaissance d'une rente d'un septier de froment, à la mesure de Mayet, et de 4 deniers tournois, assise sur divers héritages situés en la paroisse de Coulongé, au fief de l'abbaye de Saint-Vincent. (Bilard.)

[1] « En 1081, Guillaume-le-Conquérant, roi d'Angleterre, et l'un des prétendans au comté du Maine, ordonne au chapitre de St-Pierre de la Cour du Mans de céder à Richard, son pannetier, le fief du Greffier, à la charge par Richard de lui en faire hommage, et de le servir avec un cheval pendant un mois pour le doyen ou le chapitre, soit en Angleterre, soit en Normandie, ou, aux besoins du chapitre, de fournir à l'église, le samedi de Pâques, un cierge de 10 livres (on ne dit pas si c'est en poids ou en valeur), même de se battre, pour le dit chapitre, en cas de besoin. L'acte de cet accord est souscrit du roi d'Angleterre, de Normand Ribolé, doyen dudit chapitre, de Foulques de Ribolé, de Hugues de Chaourches, de Hubert de Coulongé, etc., seigneurs manceaux..... » (Pesche.)

Par fief de l'abbaye de Saint-Vincent, a-t-on voulu désigner la terre des Aiguebelles ou une dépendance de ce domaine, ou bien s'agit-il d'une autre seigneurie ?

XIV

LE PAVILLON.

Le fief du Pavillon était une dépendance du château des Aiguebelles; il n'y a plus d'anciens bâtiments.

XV

LES MAISONS-ROUGES.

« Les hoirs feu Jehan Soret, Jullian Bougard, Pierre Guyton, les hoirs feu Denis Guyton et autres leurs frarescheurs doibvent, pour le lieu et appartenance des Maisons-Rouges, 12 deniers de cens perpetuel au jour de Saint Jehan-Baptiste à la seigneurie des Guebelles.

« Les hoirs feu Jehan Guyton de Fasse et les enffans feu Jehan Soret, pour le lieu et appart. des Maisons-Rouges, doibvent 8 sols de rente perpetuelle au jour de la Toussaint a la seigneurie des Guebelles. » (*Compte du receveur des Aiguebelles*, 1538-1539.)

Les anciennes constructions qui étaient sur la propriété des Maisons-Rouges n'existent plus.

XVI

AUBEVOIE ET COURBRAN.

Le fief d'Aubevoie « donna son nom à une branche de la famille du Pont, originaire de Touraine, dont différentes branches s'établirent, il y a plus de cinq siècles, dans l'Anjou et le Maine. Jean II du Pont, chevalier, seigneur d'Aubevoie, vivait en 1334....... Jean III du Pont fut, en 1350, chef de la deuxième branche de cette maison et posséda la terre d'Aubevoie, et Jean IV du Pont, son arrière-petit-fils, acheta les terre et seigneurie de Courbran, paroisse de Coulongé, en 1487. Ce fut en faveur de Pierre du Pont-Aubevoie que le nom de cette terre fut lié à celui du Pont, en vertu d'une ordonnance de Charles IX, de 1571. Thomas du Pont-Aubevoie rendit hommage, en 1589, au comte du Lude[1], pour sa terre d'Aubevoie et ses fiefs de Courbran et de la Créonnière. Cette terre entra par alliance dans la maison de Boultz en 1649, et revint dans celle du Pont-Aubevoie, par acquisition, en 1570; puis, encore par alliance, passa dans celle d'Espaigne de Venevelles. » En 1489, un Jean

[1] La châtellenie du Lude devait tous les ans, « au seigneur suzerain, un épervier réclamé, garni de longères de soie verte et sonnettes d'argent, devoir dont Jean d'Espinay, seigneur de Durtal, s'exempta en 1571 moyennant 200 livres. » (Pesche.)

du Pont, licencié ès lois, rend aveu « pour justice et droit de chasse [1] en sa terre d'Aubevoie, relevant de Château-du-Loir. » (*Manusc.* — Pesche.)

XVII

COULONGÉ DE L'AN II A 1853.

30 thermidor an II. — Le recensement des chevaux est fait dans le canton de Mayet ; il constate qu'il y en a 205 à Mayet, 50 à Verneil, 53 à Sarcé, 56 à Lavernat et 36 à Coulongé [2]. Le canton est obligé d'en vendre 16 pour l'armée ; ce nombre est ainsi réparti : Mayet 8, Sarcé 2, Verneil 2, Lavernat 2 et Coulongé 2.

Nous reproduisons textuellement, et avec les fautes mêmes qui s'y trouvent, les trois pièces

[1] On voyait au xe siècle des moines obtenir le droit de chasse simplement pour tuer les bêtes fauves dont la peau leur était nécessaire pour la *couvrure* de leurs manuscrits; plus tard, le relieur de la chambre des comptes était obligé, pour pouvoir exercer sa profession, de produire un certificat d'ignorance et d'affirmer par serment qu'il ne savait ni lire ni écrire. (*De la reliure pendant trois siècles*, P. Deschamps.)

[2] Le 19 février 1470, Pierre Davaugour, seigneur de Courlectres, rend hommage à noble et puissant seigneur Guy de Beaumanoir, seigneur de Landemons, de la baronnie de Lavardin, pour sa métairie de la Frétinière alias de *Coulonges*, la moitié de l'estang d'Escharbot, etc. » (Bilard.)

Est-ce de Coulongé qu'il s'agit ?

suivantes que la municipalité de Mayet avait été chargée d'adresser à la commune de Coulongé :

Pièce N° 1.

ÉGALITÉ, FRATERNITÉ,	Ici se voyait une vignette de circonstance avec pique, bonnet phrygien faisceau de licteur, etc., etc.	LIBERTÉ, OU LA MORT.

La Société montagnarde et régénérée du Mans, aux Municipalités et Sociétés populaires du département de la Sarthe.

« RÉPUBLICAINS,

« Nos armes sont de toutes parts victorieuses sur le continent. De tous côtés le théâtre de la guerre est transporté sur le territoire de nos ennemis; et nos boulevards, que la perfidie et la trahison leur avoient livrés, la valeur de nos phalanges invincibles vient de les reconquérir à la république. Mais vous le savez, Frères et Amis, la liberté doit être l'apanage de tous les élémens, et les intérêts de la patrie ainsi que sa gloire nous commandent de la faire triompher de tous ses ennemis par-tout où ils osent se montrer. Nous avons juré la liberté de la terre, jurons aussi la liberté des mers. A Ypres, à Houskootte, à Mouqueron et à Courtray, nous avons fait mordre la poussière aux bataillons Anglois et Hanovriens. Eh bien! que l'océan soit aussi à son tour le tombeau des citadelles flottantes que la Tamise vomi contre nous.

« Déjà le combat de l'Ouessant a prouvé à l'europe que les Français savent lutter avec avantage sur les eaux contre des forces ennemies bien supérieures en nombre; et les débris de la flotte orgueilleuse du tyran de la mer, ont porté jusques dans la nouvelle Carthage sa honte et son désespoir.

« Vous l'entendez, Frères et Amis, retentir de toutes les parties de la république ce cri terrible d'indignation : *guerre à mort aux Anglois.* Ce vœu national si fortement prononcé, c'est à vous qu'il appartient de l'accomplir; travaillons avec ardeur à doubler nos forces maritimes, et nous pourrons alors anéantir la marine anglaise, nettoyer les mers des forbans qui les infectent, et purger la terre d'une nation brigande dont l'existence est incompatible avec la liberté et la vertu.

« Ce seroit, sans doute, Frères et Amis, un spectacle bien imposant, bien majestueux, et fait pour immortaliser le nom Français, que de voir flotter sur les mers autant de pavillons tricolores, que la république compte de départemens, quatre-vingt-quatre vaisseaux offerts par le patriotisme, guidés sur les eaux par le génie de la liberté, et brûlans tous de se signaler par des actes éclatans d'héroïsme. Mais puisque nous ne pouvons aspirer à la gloire d'une si haute entreprise, contribuons au moins de tous nos moyens à l'augmentation de nos forces navales.

« Pour cet objet, tous les départemens, dans leurs ressorts respectifs, ont fait des invitations à leurs concitoyens; et à la voix de celui de la Sarthe, nous nous sommes empressés d'ouvrir une souscription dans notre sein : l'appel nominal de tous les membres a été fait à plusieurs reprises, et à chaque fois le patriotisme s'est montré avec éclat; tous, sans exception, ont fait inscrire leurs noms sur la liste honorable, et le montant des largesses patriotiques prouve que nous portons tous dans nos cœurs l'amour de la liberté, et qu'aucun n'est indifférent aux succès et à la gloire de la république.

« Frères et Amis, ce seroit, sans doute, faire outrage à votre patriotisme que de chercher à exciter votre zèle et votre empressement à nous imiter et à seconder les vues qui nous animent. Ainsi que nous, vous avez ouvert, sans doute, un registre de souscription, conformément à l'arrêté du département; et dans toutes vos séances, vous faites un appel à tous les membres qui composent votre société, mais vous devez faire plus encore; athlètes vigoureux de la révolution, apôtres ardens de la liberté, répandez-vous dans les campagnes;

allez-y donner l'éveil au patriotisme engourdi ; allez électriser le cœur de ses habitans des flammes de la liberté ; tonnez contre l'égoïsme qui les domine, et excitez leur générosité ; dites-leur que la patrie a les yeux ouverts sur eux, que les noms de ceux qui, dans cette circonstance, lui auront fourni des armes contre ses ennemis, seront inscrits sur un tableau qui sera affiché dans toutes les communes ; que les égoïstes qui, avec quelques moyens, n'auront rien fait pour elle, ne seront point compris sur cette liste glorieuse ; qu'ils seront par-là dénoncés à l'opinion publique et flétris du sceau de sa réprobation : vous verrez alors tous les cœurs palpiter au saint nom de patrie, et s'ouvrir aux doux sentiments de la générosité ; à la voix des enfans de la liberté, les autels de la patrie se couvriront d'offrandes ; un nouveau vengeur paroîtra sur les mers pour foudroyer ses tyrans ; et vous, pour prix de vos efforts généreux, vous entendrez la nation reconnoissante déclarer par l'organe de ses représentans : *les habitans de la Sarthe ont bien mérité de la patrie.*

« FAIT au Mans, au lieu ordinaire des séances de la Société populaire, ce 19 fructidor, an deuxième de la république, une, indivisible et impérissable. *Signé* LOISILIÈRE, président ; DUFOUR, secrétaire ; DUCIS, secrétaire-adjoint ; MASSAL, rédacteur.

« *P. S.* La Société, dans cette même séance, a arrêté qu'il sera envoyé tous les jours de décadi, des commissaires dans les campagnes, pour y répandre l'instruction et les lumières, prêcher l'amour de la liberté, de l'égalité, le désintéressement et l'exercice des vertus républicaines : nous vous invitons à les accueillir avec fraternité. »

AU MANS,
DE L'IMPRIMERIE DE MONNOYER.
An IIe de la République.

Pièce N° 2.

LIBERTÉ, | Ici se trouvaient 2 drapeaux tricolores, 1 sabre surmonté d'un bonnet phrygien, et 1 branche d'olivier, le tout entrelacé. | ÉGALITÉ.

« Mont-sur-Loir, le 15 Germinal, an troisième de la République Française. »

L'AGENT NATIONAL

PRÈS LE DISTRICT DE MONT-SUR-LOIR,

Aux habitans de ce district.

« Des actes que l'espoir criminel des ennemis de votre bonheur a pu seul provoquer, ont été commis sur plusieurs points de cet arrondissement; des hommes égarés se sont livrés aux plus honteux excès; la loi et ses organes ont été méconnus; les emblêmes de la liberté ont été détruits.

« CITOYENS, qu'ils sont coupables ceux qui vous séduisent! qu'ils se préparent de douleurs, et qu'ils vous font de mal!

« Quels sont leurs projets? quels sont leurs moyens? Les voici : Leurs projets sont de vous perdre; leurs moyens sont l'anarchie et la désorganisation.

« Enhardis par l'impunité, ils répandent à grands flots, dans ces paisibles cantons, les poisons de leurs affreuses maximes. Ah! n'en doutez pas, s'ils étoient conduits par cet esprit de tolérance qu'ils réclament, et qui fait leur sûreté, ils respecteroient les loix, ils maintiendroient la tranquillité publique, sans lesquels il n'existe point de bonheur.

« Instrumens aveugles de leur perfidie, vous courez à votre perte, sans autre fruit que les remords d'avoir inutilement, pour leurs projets, déchiré la République, provoqué et nécessité d'éclatantes punitions.

« La Convention, en rendant son décret du 3 ventôse, a compté que la paix et l'ordre en seroient la suite; le vrai croyant et le philosophe le respectent et l'exécutent; le seul agitateur le méconnoît.

« Considérez ces nouveaux apôtres d'une religion qu'ils outragent; voyez leur conduite avant et pendant la révolution; pesez leur moralité, et vous serez bientôt désabusés. Dirigés par leurs intérêts, forts des troubles qu'ils organisent, semblables à ces oiseaux enfans hideux des ténèbres, leur force s'anéantit devant le jour brillant de la loi : ils savent qu'en vous agitant, ils comblent l'espoir des ennemis de vos droits et de votre liberté; ils savent encore qu'ils se perdent, mais ils veulent vous entraîner dans leur chûte, et ils auront assez vécu, s'ils vous voient vous déchirer et vous détruire.

« Et vous, CITOYENNES, quel prestige vous aveugle? quelle haine féroce s'empare de vos cœurs au moment où vous pouvez sans obstacles vous livrer aux exercices religieux que prescrit votre religion? Le Dieu que vous servez n'est pas le Dieu des vengeances ni de la haine : il est le Dieu d'humanité, de paix et de concorde. Vos rassemblements séditieux, vos cris contre vos magistrats, vos provocations incendiaires ne sont point l'encens qu'il attend de vous, et le cœur gonflé de colère n'est pas le sanctuaire dans lequel il repose.

« Vos subsistances et leur sort vous inquiètent. Mais, par vos mouvemens inconsidérés et par des craintes que la mauvaise foi se plaît à exagérer, croyez-vous vous en procurer? Tous ces cris séditieux ressèrent, n'en doutez pas, ces subsistances, qui circuleroient si vos magistrats étoient secondés, et si la loyauté du cultivateur et du consommateur étoit réciproque. Et quand, sous prétexte de vos subsistances, les désorganisateurs parviendroient à vous porter à des excès criminels, votre révolte vous donnera-t-elle du grain? le semerez-vous, le récolterez-vous, lorsque la loi se sera appesantie sur vos têtes, et que des forces imposantes auront réprimé vos fureurs?

« Chargé de surveiller l'exécution des loix, il est « encore de mon devoir de rechercher les auteurs « des troubles, et de leur faire infliger les peines « qu'ils encourent. » Épargnez-moi ce pénible et triste devoir. Le bonheur n'est pas dans le trouble ni dans l'anarchie; il est dans le calme d'une bonne conscience et dans l'exécution de la loi. Voulez-vous être les artisans de vos malheurs? voulez-vous n'avoir senti que les maux inévitables, mais passagers, d'une grande révolution, et renoncer au bonheur inaltérable qu'elle vous assure? voulez-vous, au moment d'une pacification générale, être moins sages que les *Chouans* et les *Vendéens*, et appeler dans vos cantons les malheurs qu'ils évitent, en consentant de vivre sous les loix de la république? Non, vous n'aurez pas en vain été rappelés à l'exécution de la loi; la proclamation du représentant DUBOIS-DUBAIS, du 29 ventôse, ne sera pas infructueusement promulguée, et ses principes ne seront pas méconnus.

« S'il en étoit autrement, si, sous de faux prétextes, de nouveaux rassemblemens insultoient aux signes de la liberté et inquiétoient la tranquillité publique, ne doutez point que, par des exemples sévères, nous ne déjouïons encore une fois les efforts de la malveillance, et n'assurions la tranquillité publique. Tous ceux pour qui la patrie n'est pas un vain nom, tous ceux qui s'occupent de son bonheur, qui veulent le respect des propriétés et des personnes, sauront toujours assurer le respect dû à la loi, et la maintenir contre les agitateurs, les fripons et les malveillans. La paix et l'union sont nos premiers besoins; nous devons tous, après de longues agitations, invoquer leurs bienfaits, et nous préparer à en goûter les douceurs.

« CLAIRIAN. »

(Ce document ne porte aucun nom d'imprimeur.)

Pièce N° 3.

MONT-SUR-LOIR

—

COMITÉ révolutionnaire.

—

ÉGALITÉ, LIBERTÉ, UNITÉ.

GOUVERNEMENT RÉVOLUTIONNAIRE.

« AU NOM DU PEUPLE FRANÇAIS,

« LE REPRÉSENTANT DU PEUPLE délégué dans les Départements de l'Orne et de la Sarthe, investi de pouvoirs illimités, par Décret de la Convention Nationale, du 18 Vendémiaire, procédant, en exécution de la Loi du 7 Fructidor, à la nouvelle formation du Comité Révolutionnaire du District de

Mont-sur-Loir[1], après avoir pris l'avis d'un grand nombre de Citoyens recommandables par leur civisme et leur probité ;

« Arrête ce qui suit :

« ARTICLE PREMIER. Il y aura un Comité Révolutionnaire dans la Commune et chef-lieu de District de Mont-sur-Loir, dont la surveillance s'étendra sur tout l'arrondissement de ce District.

« II. Ce Comité sera composé de douze Membres.

« III. Les Membres qui le composent seront renouvelés par moitié tous les trois mois, et ne pourront être réélus qu'après le même intervalle.

« IV. Le premier renouvellement se fera à l'expiration des trois mois, à compter de la promulgation du présent Arrêté. Le sort déterminera pour cette fois les six Membres à remplacer. Au second renouvellement et autres successifs, on sortira par ancienneté.

« V. Les Agens Nationaux des Communes du District, conformément à l'Article VI de la Loi du 7 Fructidor, sont spécialement chargés d'entretenir une correspondance active avec le Comité Révolutionnaire de Mont-sur-Loir, et lui adresseront, conformément à l'Article VIII, tous les indices,

[1] « Montant des ventes des biens nationaux opérées dans le district de Château-du-Loir du 1er février au 1er juillet 1791 : 2,382,577 livres. » (*Tit. auth.*)

tous les renseignemens sur les faits qui tendront à troubler l'ordre public ou à retarder la marche de la Révolution. Ils lui dénonceront de même tous les individus déclarés suspects par la Loi du 17 Septembre ; néanmoins ils pourront, lorsqu'ils le croiront utile, s'adresser directement au Comité de sûreté générale de la Convention Nationale.

« VI. Dans l'exercice de ses fonctions, le Comité Révolutionnaire se conformera à la disposition des Articles XXXII, XXXIII, XXXIV, XXXV et XXXVI de la Loi du 7 Fructidor, aux Arrêtés obligatoires et aux Loix antérieures à celle du 7 Fructidor, sur le Gouvernement Révolutionnaire, en tout ce qui n'est pas contraire à cette même Loi.

« VII. La première formation du Comité Révolutionnaire du District est composée des Citoyens ci-après nommés,

« Savoir : Lehayer, Auroux, Pasteau, de Vouvray ; Bellanger, de Mayet, marchand Boisselier; Drouault fils, à Dissay ; Brossard, de Lucé ; Aubry, Menuisier ; Lefevre fils aîné, de Goulad ; Papin, de Verneil ; Cureau, Bourgouin-Launay, Durdan père, à la Pitoultière.

« VIII. Les Membres du Comité Révolutionnaire, remplacés par la formation ci-dessus, cesseront de remplir leurs fonctions, du moment de la publication du présent Arrêté ; ils remettront sur le champ au nouveau Comité Révolutionnaire, les pièces, renseignemens et effets dont ils sont dépositaires.

« IX. Dans le cas où les autres Comités Révolutionnaires qui avoient été établis dans les autres Communes du District, et qui ont été supprimés, auroient négligé de satisfaire à l'Article XXVII de la Loi du 7 Fructidor, en remettant dans le délai y porté, au Comité de Mont-sur-Loir, les pièces, renseignemens ou effets dont ils étoient dépositaires, le nouveau Comité Révolutionnaire du District dénoncera le refus ou la négligence à l'Agent National, qui leur enjoindra de le faire, et de lui en rapporter décharge dans une décade ; et en cas de persévérance dans le refus, les Membres de ces Comités supprimés seront traités comme suspects et incarcérés, jusqu'à ce qu'il en ait été autrement ordonné.

« X. Le présent Arrêté sera imprimé, publié et affiché dans tout le ressort du District, à la diligence de l'Agent National, qui sera tenu d'en rendre compte.

« Fait à Alençon, le quatorze Nivôse, l'an troisième de la République une et indivisible.

« GENISSIEU. »

A Mont-sur-Loir, chez P. D. Plot, Imprimeur du District.
An III de la République.

14 floréal an IV. — Le commandant de la force armée de Château-du-Loir écrit à l'agent municipal de Coulongé : « Par ma circulaire du 14 germinal dernier, je vous prévenais, citoyen, que les communes qui, dans les deux heures, n'avertiraient pas le chef militaire du passage des chouans, seraient condamnées à une amende de 1,200 livres en numéraire. Loin d'exécuter cet ordre dans le délai prescrit, vous ne m'avez pas prévenu que les chouans étaient entrés dans votre commune, le 9 courant, y avaient abattu l'arbre de la liberté, brûlé les registres, etc. La pusillanimité et la négligence des habitants de Coulongé, peut-être même un accord criminel avec nos ennemis, leur a mérité la peine prononcée par ma circulaire. En conséquence, il leur est enjoint d'acquitter, dans les 3 jours, chez le receveur du ci-devant district, l'amende de 1,200 livres qu'ils ont encourue : je vous préviens qu'à défaut, les troupes marcheront sur cette commune rebelle et en enlèveront les bestiaux et les grains jusqu'à concurrence de la somme due; et en outre les habitants seront tenus de payer les dépenses occasionnées par cette marche. Soyez sûr que je ne vous manquerai pas, et que votre désobéissance tournera contre vous.

« Salut et fraternité. *Signé* Mersey. »

D'après les documents que nous possédons, Coulongé n'obtempéra point à l'injonction du citoyen

Mersey; des troupes furent immédiatement dirigées sur cette commune, et il fallut bien alors que les habitants payassent; ceux qui n'avaient pas d'argent à donner, se virent enlever leurs bestiaux ou leurs grains. Voilà comment procédaient les honnêtes citoyens de cette époque; justice expéditive, mais peu équitable; c'était de la justice républicaine!

— Liste préparatoire des citoyens le plus en état de supporter l'emprunt forcé, avec le total de leur fortune: « Charles Bellœuvre à Charbon, 75,000 livres; Ambroise Dreux, 3,000 livres; Jacques Dreux, 2,000 livres; v[e] Blossier, 1,000 livres; Jean Eveilleau, 1,000 livres; Jacques Morin, 3,000 livres; v[e] Louis Allard, 4,000 livres; Jean Lebois, 3,000 livres; Michel Léon, 4,000 livres; René Marchesseau, 2,500 livres; Vincent Martineau, 2,000 livres; François Martineau, 8,000 livres; René Péan, 1,000 livres; Félix Pioger, 2,000 livres; Nicolas Scionneau, 4,000 livres; Jean Truillet, 1,500 livres; Jean Martin, 2,000 livres, et Louis Hurteloup, 1,500 livres. » Cette liste fut modifiée; car voici les noms de ceux qui ont payé l'emprunt forcé, et les sommes auxquelles ils ont été taxés: Bellœuvre de Charbon, à 1,200 livres; Allard, Lebois, Martineau, Pioger, Fontenay et Lelarge, chacun à 300 livres; Léon, Scionneau, Truillet, chacun à 200 livres; Blossier, Dreux et Hurteloup, chacun à 100 livres; Morin et

Marchesseau, chacun à 60 livres; Péan, Eveilleau et Martin, chacun à 50 livres; Martineau et Dreux, chacun à 30 livres. Il fut adressé douze demandes en dégrèvement : dans l'une, faite par le sieur Bellœuvre de Charbon, nous remarquons le passage suivant : « J'ai peu de fortune.....; j'ai été forcé de quitter mon domicile et de me retirer au Lude avec toute ma famille pour me soustraire aux mauvais traitements et aux vexations de tous genres et de toute manière que je n'ai cessé d'éprouver depuis treize mois, ayant laissé mes intérêts à la merci de mes domestiques, n'osant retourner chez moi; j'ai lieu d'espérer que vous apprécierez toutes mes pertes. N'ayant point d'argent pour en donner à la troupe qui venait faire payer les impositions, j'ai donné deux bœufs sur-le-champ; il ne m'en reste plus que deux pour faire aller ma ferme. » Cette demande fut repoussée.

An V. — Les administrateurs du département de la Sarthe adressent la lettre suivante à l'administration du canton de Mayet :

« Citoyens,

« En conséquence de notre arrêté du 29 pluviôse, nous venons d'entendre, dans leurs dires respectifs, les citoyens L....., Jacques M.... et Jean E......., relativement à la convocation illégale de l'assemblée inconstitutionnelle qui s'est tenue le 12 nivôse à Coulongé. Nous avons exprimé à chacun de ces individus ce que nous pensions de leur conduite en cette occasion, mais nous avons cru, citoyens, devoir nous attacher plus particulièrement, en ce qui concerne le citoyen L...., spécialement signalé dans le procès-verbal des habitants de Coulongé. Sans donner à cette pièce, inconstitutionnelle dans toutes ses formes, plus d'importance qu'elle n'en mérite, nous ne devons pas néanmoins négliger de nous éclairer sur les expressions qu'elle renferme à l'égard du citoyen L..... Elle déclare en propres termes « qu'après avoir pris connaissance de tous les griefs « imputés sur la personne du citoyen L..... pré- « tendu agent, vu les reproches d'injustice, de fri- « ponnerie, de rapine qui lui ont été imputés et de « plus de ne point rendre publiques les affaires de « l'État qui les intéressent, » il est essentiel, citoyens, que vous preniez des informations et que vous nous fassiez connaître les griefs positifs qu'on allègue sur le citoyen L....., selon qu'ils sont plus ou moins fondés ; quels sont les actes d'injustice, de friponnerie, de rapine qu'il peut avoir commis, et jusqu'à quel point il a démérité de ses concitoyens. Nous présumons assez des principes qui vous animent pour être persuadés que vous mettrez, dans l'instruction que nous vous demandons, l'impartialité et l'intégrité qui conviennent. Nous l'attendons avec impatience.

« Salut et fraternité. *Signé :* Théophile Leclerc, Gargam. » Les autres signatures sont illisibles.

Nous ne connaissons pas le rapport que fit l'administration de Mayet sur cette affaire, ni quel en fut le dénoûment.

4 frimaire. — « A Coulongé, quatre brigands se sont portés dans plusieurs maisons, et particulièrement chez le sieur Scionneau ; ils ont frappé à sa porte, et, sur l'interpellation qui leur a été faite de se nommer, ils ont répondu *chouans*. Les chouans n'existent plus, a-t-il dit, ils se sont rendus, et il n'y a plus que des brigands qui se servent de ce titre. Sur son refus d'ouvrir, ces scélérats ont enfoncé la porte; ils étaient déguisés et leur figure était noircie avec de la suie. Ils se sont portés d'abord au lit d'une vieille femme, mère du sieur Scionneau ; ce jeune homme a voulu la défendre ; mais, sans armes et accablé par le nombre, il a succombé sous les coups des assassins. Il a eu la tête ouverte par trois coups de sabre. La garde nationale de Mayet, instruite de ce fait, s'est mise à la poursuite des coupables, ayant à sa tête le juge de paix Bottu, ex-curé de Mayet. Nous ignorons si les recherches ont eu quelque succès [1]. » (*Chron. de la Sarthe.*)

[1] Landais, agent de la commune de Coulongé, dans une lettre au citoyen juge de paix de Mayet, donne sur ce crime des détails qui diffèrent un peu du récit que nous venons de rapporter ; voici sa version :

« Le 24 brumaire — et non le 4 frimaire — le citoyen Nicolas

An VI. — Si l'on ne savait en quels termes on traitait, à cette époque, les prêtres qui n'étaient pas républicains, la lettre suivante, écrite le 24 brumaire par le citoyen C... au rédacteur de la *Chronique de la Sarthe*, nous l'apprendrait : « Certain M. Hardiau, ci-devant curé de Coulongé, électeur de 1792 à St-Calais, où l'assemblée était noire de prêtres; qui s'y affubla du bonnet rouge, qui fit tous ses serments, qui acheta des biens nationaux, qui fut le dénonciateur de ses confrères, quand vint la mode

Scionneau m'a déclaré que 3 libertins ou voleurs — et non 4 — se disant chouans ont forcé, cette nuit, à coups de triques la porte de la ve Scionneau, fermière au lieu de la Grastière ; ils ont demandé à cette femme, à sa fille et à son fils, l'argent qu'ils réservaient pour payer leur ferme, ceux-ci ont répondu qu'ils l'avaient payée ; ils leur ont demandé la quittance, comme ils refusaient de la donner, ils ont assassiné le fils, puis sont montés dans le lit de la mère, l'ont fouillé, ont trouvé les clefs de l'armoire, ont cherché partout et ont pris tout l'argent qu'elle possédait, puis ils se sont sauvés ; un instant après ils sont revenus réclamant un chapeau qu'ils avaient laissé sur le lit de la mère ; la fille Scionneau le leur a donné par dessous la porte ; ils voulaient entrer de nouveau dans la maison ; ils brisèrent la poignée de la porte et cherchaient à la défoncer à coups de triques. Ne le pouvant, ils leur ont dit qu'ils ne seraient pas en vie dans 8 jours. Ces trois brigands étaient ainsi armés : l'un avait un sabre, l'autre un pistolet et le troisième une trique. La fille Scionneau est assez grièvement blessée des coups qu'elle a reçus en défendant son frère et sa mère ; ces trois brigands avaient la figure noircie. »

de remettre les lettres de *prêtrise ;* qui, comme tant d'autres alors, renonça à chrême et baptême ; qui, comme tant d'autres depuis, a rétracté tous ses serments entre les mains du bienheureux Paillet ; qui, depuis peu, disait assez niaisement que nous ne serions heureux que quand l'Anglais nous aurait fait la loi ; M. Hardiau, enfin, après avoir réfléchi pendant deux mois, a refait son serment. Voilà comme l'homme de Dieu a parlé à l'administration municipale du canton de Chahaignes :

« *Citoyens, considérant que la royauté ne peut être rétablie en ce moment en France sans occasionner de nouveaux malheurs et de grands troubles, je jure fidélité, etc.* »

« Abominables coquins, prêtres séditieux, réfractaires de toutes les couleurs, voilà votre langage à tous, et la lourde franchise de votre confrère nous donne la juste mesure de vos espérances et de votre bonne foi.

« Le président, après avoir vertement relancé M. l'abbé, a reçu son serment.

« Tu penses bien que son beau considérant n'est pas inséré. »

Le biographe de M. Hardiau ne le juge pas aussi sévèrement ; il est vrai qu'il n'est pas républicain ; voici ce qu'il nous apprend sur cet ecclésiastique : René Hardiau de la Voye est né le 20 février 1746 à

Chahaignes. Sa famille, du pays de Château-du-Loir etd e la Chartre, est d'ancienne bourgeoisie. *Jehan* Hardiau était, en 1690, conseiller du roi, contrôleur au grenier à sel du Lude. A l'époque où les armoiries furent régularisées par ordonnance de Louis XIV, 1696, déjà les Hardiau avaient pour armes : De sinople à une fasce d'or, écartelé d'or à une fasce de sinople.

René Hardiau fit ses études théologiques à la faculté d'Angers et y prit ses degrés de maître ès arts et de bachelier. Il fut vicaire plus de vingt ans, puis curé de Coulongé, et ensuite de Saint-Ouen (1787). Quelques années après, l'orage révolutionnaire grondait, et l'assemblée constituante imposait aux prêtres le serment sacrilége à la constitution civile. Le curé Hardiau était timide et faible, il céda au torrent qui entraînait tout et fit le serment; il visitait souvent ses paroissiens et fut quelquefois obligé de se cacher pour exercer son ministère; René Hardiau était de très-petite taille, son caractère était plein de simplicité, de cœur et de modération; il mourut le 9 juin 1840, âgé de 94 ans. (Aubry.)

An VIII. — La commune de Coulongé donne « huit fusils pour armer les volontaires. »

1852. — *Adresse du conseil municipal de Coulongé à Louis-Napoléon, président de la république, pour demander le rétablissement de l'empire.*

« PRINCE,

« Le conseil municipal, réuni pour son installation, a voulu, avant de se séparer, vous témoigner sa profonde reconnaissance pour l'acte vigoureux du 2 décembre, qui nous a sauvés des horreurs de l'anarchie. Prince, achevez l'œuvre que vous avez si courageusement entreprise. Le conseil, interprète des sentiments de ses concitoyens, fait des vœux pour la consolidation et la stabilité du pouvoir entre les mains de Votre Altesse. »

1853. — Les membres de la commission de statistique du canton de Mayet sont : MM. le prince Marc de Beauvau, propriétaire à Verneil, président; Rondeau-Dunoyer, propriétaire à Aubigné, vice-président; Bardet, propriétaire à Sarcé; Duval, fabricant de toile à Verneil; Fialeix, adjoint à Mayet; Fournier-Bouttevin, fabricant d'étoffe à Mayet; Gaudin, maire à Vaas; Gavet, propriétaire à Vaas; Hériveau, marchand de bois à Vaas; Langevin, maire à Lavernat; Leroy, instituteur à Coulongé; Letourneux, instituteur à Aubigné; Pasdeloup, juge de paix à Mayet; Perdriau, maire à Mayet; Reffay, maire à Aubigné, et Riffaut, officier de santé à Mayet.

XVIII

GERVAIS ALTON.

Ansart, dans sa *Bibliothèque littéraire*, nous apprend que « Gervais Alton, doyen d'Oisé et curé de Coulongé, ne fit pas moins d'honneur à la province du Maine, par l'étendue de ses connaissances, que par son zèle pour le salut des âmes. Pénétré des obligations d'un véritable pasteur, et voulant aplanir la voie du ministère aux jeunes ecclésiastiques qu'on y destine, il entreprit et fit imprimer l'ouvrage suivant : *Enchyridion sev manvale ad vsvm parochorvm, pro visitatione et cvra infirmorvm, ad mentem ritvalis Cenomanensis novissime editi, stvdio et cvra Gervasii Alton de Oyseio, nec non et Colongensis ecclesiæ rectoris. Cenomanensis, apvd Hieronimvm Olivier, typographum et bibliopolam jvxta divi Jvliani.* 1654, in-12.

« Ce traité, qui est une espèce de commentaire du Rituel d'Émeric-Marc de La Ferté, est dédié à Philibert-Emmanuel de Beaumanoir de Lavardin, évêque du Mans. »

On lit dans l'approbation : « Cet ouvrage a été dicté par l'organe de la piété et de la religion, et il sera d'une grande utilité à ceux qui sont chargés d'administrer et d'exhorter les mourans. »

Gervais Alton, craignant que son livre ne contînt

des hérésies, le soumit à deux docteurs en théologie de la faculté de Paris, MM. F. Gauthier Louis et Joubert Julien qui l'approuvèrent en ces termes : « Nous soussignés, certifions avoir veu et leu un livre intitulé *Enchyridion*, etc., auquel nous n'avons rien trouvé de contraire à la foi catholique, apostolique et romaine, ains l'avons jugé très-utile pour la direction de ceux qui visitent les malades. Fait au Mans ce 29e iour de novembre 1652. » Il s'agissait, comme l'on voit par ce millésime, d'une édition antérieure à celle que nous avons citée plus haut. Cet ouvrage eut un grand succès, puisqu'en 1654 il était parvenu à sa neuvième édition.

L'abbé M. P. Picheton, archichapelain de Saint-Pierre-de-la-Cour, était un des amis de Gervais Alton, aussi a-t-il célébré ses louanges dans une anagramme de six vers latins qui se trouvent en tête d'une des éditions de l'*Enchyridion*.

ANAGRAMMA, GERVASIVS ALTON GRATIVS NOS LEVA.

Sicubi mortales morsus subiere caninos
Ne rabies subeat tum prece, cum arte caves.
Damonas at scriptis melioribus attere ; *nosque*
Vicinos morti *gratius* inde *leva*
Cum corpus serves, dignus : sed dignior extas
Cum mentem, pars hæc corpore digna magis.

A la suite de cette anagramme on trouve une épitre, aussi en vers latins, signée par un prêtre de l'oratoire du Mans, nommé Nicolas Morin.

L'édition de l'*Enchyridion* dont parle Ansart est à la bibliothèque du Mans, sous le n° 7322, T. La plus grande partie de cet ouvrage est en français; quelques chapitres sont en latin.

On ne connaît ni le lieu de naissance de Gervais Alton, ni celui de sa mort.

(Voyez de La Crochardière. — *Ann. de la Sarthe*. — B. Hauréau.)

XIX

STATISTIQUE.

De 1793 à 1822, il y a eu à Coulongé 192 mariages, 768 naissances et 469 décès.

1793. — La deuxième légion de la Sarthe était formée des gardes nationales des cantons de Château-du-Loir, Vaas et Mayet. Cette légion se composait de 10 bataillons. Le huitième, formé des communes de Lavernat, Verneil, Sarcé et Coulongé, était commandé par René Guyot, commandant en chef; Jean Souchu, commandant en second, et René Martin, adjudant.

— Seize jeunes gens de Coulongé font partie de la *réquisition* de l'an IV.

An V. — Cotes personnelles, mobilières et somptuaires de Coulongé, 1,120 livres.

An XIII. — Débitants de tabac à Coulongé: J. Drouault, C. Guerriau fils.

1808. — Jurés de Coulongé (loi du 6 germinal an VIII, art. 4); Julien Martineau; 1809, Lherbette.

1810. — Total des contributions des communes de Sarcé et de Coulongé, 17,919 fr. 89 centimes.

1848. — Le comité central républicain du Mans invite les communes de Lavernat et de Sarcé à nommer chacune quatre citoyens, et celle de Coulongé six, pour faire partie de l'assemblée des délégués des communes du département, réunis à la Halle aux Toiles le 22 avril, afin d'arrêter la liste des dix candidats à l'Assemblée constituante.

1852. — Coulongé. — *Élection pour la prolongation des pouvoirs du président de la République :*

Électeurs inscrits : 302. Votants : 278. Pour : 277. Contre : 1.

— *Élection au Corps législatif :*

Électeurs inscrits : 307. Votants : 253. De Beauvau : 252. Bulletin nul : 1.

— *Élection pour le rétablissement de l'Empire :*

Électeurs inscrits : 296. Votants : 273. Pour : 269. Contre : 4.

XX

Maires. — Adjoints. — Comité de surveillance. — Assesseurs du juge de paix de Mayet. — Sergents ou huissiers. — Percepteur. — Expert. — Notaires. — Chirurgien. — Sage-femme. — Instituteur. — Écuyers et Familles nobles.

Maires. — Tachiau (an II), Leroy (an IV), Drouault (an V), Landais (an V), Dreux (an VI), Drouault (an VII), Léon (1801), Gouffroy (1804), Lherbette (1811), Martineau (1831) Drouault (1834), Leroux (1845), Jarry (1848), Dagoreau (1849).

Adjoints. — Péan (an V), Léon (an VI), Hurteloup (an VII), Drouault (1800), Marchesseau (1801), Martineau (1805), Maussion (1831), Martineau (1834), Leroux (1840), Martineau (1845), Blot (1848), Courtien (1849), Martineau (1852), Blot (1855).

Comité de surveillance. — J. Morin, Ch. Guérican, R. Péan, S. Deschères, V. Martineau, F. Cousin, M. Tessier, Bellœuvre, J. Dreux, P. Péan, F. Bezard, J. Marchesseau (an II).

Assesseurs du juge de paix de Mayet. — Hardiau, curé; Martineau, Marchesseau, Léon (1790); Hardiau, Marchesseau, Léon, Martineau (1792); Marchesseau, Péan, Léon, Martineau (an IV); Morin, Péan, Léon (an VI).

Sergents ou huissiers. — Gabriel Paulmier (165.), Lechesne (17..), Gabriel Liche (175.).

Percepteur. — Landais (1797). Le traitement était de 6 deniers par livre.

Expert. — Drouault (182.).

Notaires. — Jacques Soreau (165.), Lechesne, Gabriel Paulmier (16..), J. Jarry (169.), Rouillard (17..).

Chirurgien. — Jacques Boussard (165.).

Sage-femme. — Veuve Freulon, reçue le 13 thermidor an XII.

Instituteur. — Leroy (183.).

Ecuyers. — François Moire de Charbon, Charles-Paul Bailly, sieur Dubourneuf (XVIIe et XVIIIe siècles).

NOTE.

(*Voyez page* 120.)

« AUBEVOIE, *Via alba*, à 3 kil. N. de la ville du Lude, vers le sommet d'un côteau qui domine le Loir, est une maison en mauvais état, entourée de murailles, ayant quelque apparence d'anciennes fortifications, comme tous les manoirs du moyen âge. On y remarque une chapelle creusée dans le tuf fort tendre du côteau, dans laquelle reste encore un autel en pierre et une balustrade de chœur en bois. Cette propriété, qui appartient à M. Méré, du Lude, serait susceptible de devenir une habitation charmante, sa situation offrant une vue admirable le long de la vallée du Loir. Les armes de la maison du Pont-Aubevoie étaient : D'argent, à 2 chevrons de gueules, 2 lions pour supports ; pour devise : *Virtute et labore.* » (Pesche.)

PIÈCES JUSTIFICATIVES.

Gesta domni Domnoli (560-581).

Domnus Domnolus *Cenomannicæ* civitatis episcopus, natione... nobilibus ex parentibus ortus, successor beati Innocentis, ejusdem urbis præsulis, qui propter amorem Dei, patriam atque omnem possessionem suam relinquens, profectus est *Romam* limina beatorum apostolorum causa orationis visitaturus : inde quoque remeans, usque ad *Cenomannicam* civitatem Domino ducente pervenit. Ipsa ergo civitate et populo ipsius parrochiæ indigente pontifice, et aliquo tempore absque episcopo vacante, prædictum domnum Domnolum, jam pontificem ordinatum, gratulanter in pontificatus ordinem, Domino inspirante susceperunt. Et principes ejusdem regionis, atque sacerdotes, sive clerici, vel nobiles omnes ipsius parrochiæ eum deprecati sunt, ut ipsam ad regendum susciperet civitatem, et clerum vel cunctum populum episcopali ordinatione et regimine ordinaret et regeret, sive Domino multipliciter lucraretur. Qui et hoc invitus, et a] clero vel populo coactus, licet nolens, humiliter tamen suscepit officium; et non modicum eis omnibus cuncto tempore vitæ suæ pontificale præbuit aminiculum. Hic igitur in cellula, in qua beatus Julianus primus jam dictæ urbis episcopus corpore requiescit, juxta monasterium scilicet sancti Victurii, prope fluvio *Sartæ*, monachorum normam, quæ dudum ibi florere cœperat, mirifice amplificavit, et ferme quinquaginta monachos inibi regulariter degere constituit; plenaque eis victualia in omnibus necessitatibus eorum, sive peregrinorum, atque adventantium fratrum adimplens, docte supplevit, et eos regulariter vivere docuit. Antedictus namque beatus Domnolus pontifex monasteriolum in honore *Sancti Vincentii* et *Sancti Laurentii* martyrum Christi, juxta urbem constituit, et ad effectum usque perduxit. Ad dedicationem quoque ipsius monasterioli ecclesiæ beatum *Germanum* Parisiacæ civitatis insignem episcopum vocavit, et cum ejus consensu et deprecatione cleri ipsius civitatis et populi illius urbis parrochiæ, et cum consensu eorum, de rebus sanctæ Mariæ et sanctorum martyrum Gervasii et Protasii matris ejusdem civitatis ecclesiæ jam dictum monasteriolum, quod suo opere et labore a fundamento ædificaverat, dotavit, et villas sui episcopii ad eamdem ecclesiam, quam in eodem monasterio, una cum beato Germano præfixæ *Parisiacæ* civitatis insigni episcopo, solemniter in honore sanctorum prædictorum martyrum sancti Vincentii et sancti Laurentii Kal. novembris dedicaverat, dedit; et in ea caput beati Vincentii, et magnam partem craticulæ, super quam sanctus Laurentius assatus est, honorifice collocavit. Per cartarum vero strumenta, ut dictum est, consentiente universo clero vel populo, et domno Germano assensum præbente, villas sanctæ Mariæ et sancti Gervasii et Protasii ad eamdem, ceu dictum est, tradidit ecclesiam. Subscribente autem beato Germano ipsum testamentum, sive sacerdotibus, et clericis ejusdem civitatis et parrochiæ ipsius non paucis, sicut in eodem hactenus testamento continetur, id est villam sanctæ Mariæ et sancti Gervasii, *Tritionem*, cum omni integritate, quam dudum Habundantius et Mallaricus diaconus per prædicti episcopi domni Domnoli beneficium tenebant; et villam *Fraxinidum*, quam Aper sacerdos in ejus beneficio habebat; et *Bucus* villulam sui episcopii, cum omnibus ad se pertinentibus, quam Eutherius presbyter per beneficium prædicti domni Domnoli habebat. Pari modo et pratum supra fluvium *Sartæ*, una cum campo juxta posito, quem Habundantius a domno Domnolo jure beneficiario adipisci meruit; et alias villas, quæ in prædicto testamento insertæ esse noscuntur, insigniter ad præscriptam tradidit ecclesiam. Multi enim nobiles, tam in præsenti, quam et in sequenti tempore, eorum hereditates ad prædictam ecclesiam Sancti Vincentii et Laurentii legaliter subjugaverunt. Ipsum autem monasteriolum subditum, cum omnibus ad eum pertinentibus, jam dictus domnus Domnolus suæ sedis ecclesiæ subjugavit, et suis successoribus ecclesiastico ordine pacifice ad regendum et gubernandum dimisit, atque perennis temporibus ad matrem et civitatis ecclesiam, et pontificibus ibidem atque clericis Deo degentibus habere futuris constituit temporibus. Sæpe dictus scilicet beatus domnus Domnolus episcopus, cellulam ultra fluvium *Sartæ*, et synodochium in honore *sanctæ Dei genitricis Mariæ* mirabiliter et sapienter operatus est, et eam ex rebus prædictæ matris et civitatis ecclesiæ dotavit, et receptiones pauperum, et advententium, sive omnium indigentium, qui in ipsa civitate talem propter custodiam civitatis non poterant habere receptionem, sicut in illo loco, ubi prædictum fecit synodochium. Ibi enim monachos XIV sub regula degentes constituit, ut et ibi pauperes recrearent, et omnes hospites condigne et amabiliter susciperent, et ipsi sancte et regulariter viverent. In eodem videlicet prædicto synodochio monachum suum probatissimum, domnum videlicet *Paduinum*, qui tunc præpositus de sancto Vincentio erat, abbatem constituit; et sibi seu omnibus successoribus suis perpetualiter inibi synodochium mirabiliter ornavit, ut hospitale ejusdem urbis pontificibus futuris semper foret temporibus, et sub conjurationis detestatione hospitale esse instituit, et sequentibus temporibus ecclesiæ suæ sedis cum omnibus ad se pertinentibus subjugatum esse instituit. Ipsius quoque beati Domnoli episcopi tempore cellulam una cum sua ecclesia, quæ est constituta in honore *sancti Martini*, infra civitatem, juxta matrem videlicet ecclesiam ipsius civitatis, *Eulalius* presbyter, et *Bodomalla* Deo sacrata, prædictam cellulam sancti Martini, quam in suo proprio construxerant, et illam de suis villulis hæreditaverant, id est *Morniaco*, et villa *Levaste* ac *Popiliaco*, *Acciaco* quoque et *Veraciaco*, ac *Nuiliaco*, sive *Potius*, una cum aliis villis, de rebus suis legaliter dotaverunt; et postea cum omnibus ad se pertinentibus ad matrem ipsius civitatis ecclesiam per eorum cartulas legaliter firmiterque, et ipsi domno Domnolo episcopo tradiderunt. Præfatus igitur domnus Domnolus episcopus emit unam partem villæ, ex thesauro ecclesiæ sibi commissæ : alia vero pars de suo episcopio erat, cujus vocabulum est *Canon*, quam et per licentiam canonicorum suorum monachis in ecclesia sancti Vincentii et sancti Laurentii, quam ipse a novo fundaverat, regulariter degentibus per suum strumentum dedit. Nam ut sub potestate ipsius urbis episcopi, tam ipsi monachi, quam et ipsæ res, in eorum tamen usu disponente episcopo, futuris persisterent temporibus, contradidit, sicut adhuc in ipso strumento traditionis inveneri potest.

Testamentum domni Domnoli. Actum die 6ª martis, anno 572 (*N. C.* 573).

Domino venerabili ecclesiæ *Cenomannicæ* clero, Domnolus episcopus. Congruum nobis fuit, ut votum desiderabile in caritatis vestræ notitiam poneremus, quia si consensus vester, desiderium cordis nostri et decreta nostra adnectere se voluerit, credimus nullius ullo unquam tempore contrarietate a nobis pariter firmata posse convelli. Cum pro salute populi, vel custodia civitatis, reliquias domni ac venerabilis sancti Vincentii martyris, intercedente præsumptione ausi fuerimus deferre, cum Dei adjutorio vel vestro, eisdem locum dignitatis ereximus in culmine; ita petimus, ut vestro pariter ditetur et munere; et si consensus vester nobis contulerit claritatem, hanc paginolam donationis, vestro quæsumus ut firmetur robore. Damus ergo ipsius domni Vincenti ecclesiæ, donatumque esse volumus villam cognominatam *Tritionem*, quam *Habundantius* quondam visus est tenuisse per loca designata, sicut *Tritio* usque *Brivas* defluit in *Viduam*, et usque terminum *Proliacensem*, subjungente ad se adjacentia *Saturniacense;* inde per viam *Saturniacensem* pervenit ad *Uvaota* usque campum Daulfum : deinde a *Broialo Censurio*, usque ad domum Mere : inde a campo *Locogiacensi* pervenit ad ipsum *Tritionem*, cum id quicquid Mallaricus diaconus noster tempore vitæ suæ usufructuario possidere videtur, cum agris, pratis, pascuis, silvis, aquis, aquarumve decursibus, cum mancipiis his nominibus, Leudomadum cum uxore sua nomine Leudomalla, et infantulam Litomeri, Leudulfum, item Leudulfum, Chariobaudum, Vinofrede, et Mogiane. Damus etiam gregem equinum, quem Allomeris intra terminos ipsos commanens custodire videtur. Itemque et villam *Fraxinetum*, quam bonæ memoriæ Aper presbyter tenuit, cum Brojallos *Marcelliacenses*, cum vineis, silvis, pratis, pascuis, aquis, aquarumve decursibus, cum accolis X in ea commanentes. Hæc omnia damus in rebus ecclesiæ et usu eorum, quicumque opportuni ad domum ipsam serviendum fuerint, quos per adsignationem *Leuderici* defensoris vestræ ecclesiæ possidendos præcipimus, cum mancipiis, his nominibus, Launovethum, Fœdulum cum uxore Taligia, Sesulfum, Cartinum cum uxore Leudomalla, et filio Leudoghisilo, cum filia Childegunda, Pupa cum filiis, Pupilonio cum porcis quos custodit, Leudomadum, Mundofædam, et Leudomandam, comlibertos omnes jam dicti presbyteri. Pari modo et locellum ad *Bucus*, quem de Eutherio presbytero accepimus, cum mancipiis qui ibidem excolere videntur. Pratum intra vivarium, supra ripam *Sartæ* situm, quem Habundantius vel actores ecclesiæ visi sunt tenuisse, Childigisilum puerulum cum armento pecorum quem ipse custodire videtur, et campum adjacentem ad memoratum pratum, quem nostro opere fecimus, Sescimundum cum uxore sua Vuiliare. Hæc omnia per hanc paginam donationis, quam Aunulfo diacono unanimiter rogavimus conscribendam, volumus ut nuncupata basilica habeat, teneat, possideat. Et cuicumque loci ipsius dignitatem perceperit, jure hereditario perpetualiter sibimet vindicet possidendum. Si vero ullo unquam tempore aut pontifex civitatis, aut quælibet persona a nobis donata vel tradita de dominatione basilicæ ipsius abstrahere voluerit, inducat maledictionem pro benedictione, et Domini nostri Jesu Christi, vel omnium sanctorum martyrum incurrat offensa; et voluntas nostra perpetim auxiliante Domino capiat firmitatem. Actum *Cenomannis* civitate anno XI regni domni nostri Chilperici Regis, pridie Non. Martias. Domnolus peccator subscripsi. Germanus peccator rogante clero Cenomannis subscripsi. Dinamius peccator consensi et subscripsi. Drautio presbyter subscripsi. Injuriosus peccator subscripsi. Meterius presbyter consensum nostrum subscripsi. Cæunus diaconus consensum nostrum subscripsi. Romolus diaconus consensi et subscripsi. Datdus diaconus consensum nostrum subscripsi. Nox diaconus subscripsi. Sennovethus diaconus consensi et subscripsi. Theodulfus peccator consensi et subscripsi. Affar presbyter consensi et subscripsi. Dorus presbyter consensum nostrum subscripsi. Populonius presbyter consensi et subscripsi. Alloveus presbyter consensum nostrum subscripsi. Sctrius peccator consensi et subscripsi. Leudoveus presbyter. Daurad. presbyter consensum nostrum subscripsi.

Præceptum Domnoli de villa Canon, gloriosi regis anno XX regni domni nostri Chilperici prid. non. septembris (*4ᵉ die septembris* 580).

Ego Domnolus in Christi nomine episcopus. Cum evocassem domnum et fratrem meum Audoveum episcopum Andegavæ civitatis visitare sancta limina patroni peculiaris mei Victoris episcopi, immo et solemnitatem ipsius celebrare, cum consensu omnium fratrum meorum presbyterorum, quia ante tempus testamentum meum condidi, et in ipsum voluntatem meam adhuc non complevi; quod in eo conscriptum videtur bonum, volo ut in omnibus conservetur, et hæc paginola plenum accipiat opto roborem. Dono igitur basilicæ sanctorum Vincentii et Laurentii, quem meo opere construxi et ædificavi pro salvatione civitatis et populi, præter colonitam cognominatam Pontificim, *Canon cum agris, silvis, pratis, pascuis, aquis, aquarumve decursibus, et mancipiis,* Uvardum cum uxore sua vel infantibus eorum, qui ibidem nunc commanere videntur, ut ab hodierna die abbas antedicti loci ad stipendia fratrum nuncupatæ basilicæ faciat revocare, et sub jure memoratæ *Cenomannensis* ecclesiæ juste et legitime esse debere censeo. Et peto, ut post obitum meum, qui abbas fuerit ordinatus in loco præfato, commemorationem meam annis singulis adimplere procuret. Ideo tibi Niviarde diacone ac defensore nostræ Ecclesiæ indico atque jubeo, hoc tua traditione, sicut nunc ab ecclesia possidetur, cum omni soliditate vel adjacentia sua, Leuso abbati facias consignari. Hoc vero inserendum rogavi, ut qui voluntati meæ obvius esse voluerit, maledictionem illam incurrat, quam Propheta in psalmo CVIIJ Judæ cantavit : *Fiant dies ejus pauci, et episcopatum ejus accipiat alius.* Et præsens pagina maneat inconvulsa, quam pro rei firmitate manu propria subscripsi, et domnis et fratribus meis muniendam rogavi. Domnolus peccator subscripsi. Audoveus peccator rogante domno Domnolo episcopo subscripsi. Theodulfus peccator subscripsi. Annulfus presbyter subscripsi. Leudoricus presbyter scripsi et subscripsi. (Cauvin.)

De Banniolo confirmato a Karolo Rege precatu Roberti Episcopi.

In nomine sancte et individue Trinitatis, Karolus, gratia Dei, Rex : quicquid pro utilitate et necessitate servorum Dei contendimus profuturum, nobis ad eternam beatitudinem facilius obtinendam omnino confidimus. Itaque notum sit omnibus S^ti Dei ecclesie fidelibus et nostris presentibus atque futuris quia vir venerabilis Robertus, Episcopus Cenomanensis ecclesie, ad nostram accedens sublimitatem, humiliter petiit ut quasdam villas a Widone nec non a quibus dam fratribus Ecclesie S^torum martirum Vincentii atque Laurentii prestarias usibus ac stipendiis canonicis prenominate Ecclesie perpetuo traditas ac deputatas, sine aliqua inmoratione, secundum eorum constitutionem jugiter habendas auctoritatis nostre precepto confirmare dignaremur. Ejus, inquam, rationabilem peticionem clementer audientes, precibus illius nos annuisse cunctis notum esse volumus. Sunt autem ipse res site per diversa loca in comitatu Cenomannico;

id est villa que dicitur Chanon, quam Stus Domnolus, clericis Sti Vincentii atque Laurentii preciosorum, martirum tradidit cum omnibus suis appendiciis et cum Ecclesia una inibi aspiciente in honore Sti Leubini, et cum facto uno qui est in Diablintico situs, precariam quoque quam Wido fecit, Vassallus ipsius Episcopi, cum ecclesia ex ipsa villa de suo Alode, quem in Sarciacum fuit visus haberi cum una ecclesia in honore Sti Martini et vinea in Dominicata et quicquid inibi visus fuit habere totum ex integro confirmamus similiter eidem ecclesie confirmamus Saderniacum Villarem et Vallem Petrosam, villas cum omnibus suis appenditiis, in Banniolo 4as tres et dimidiam et campellos 5 et de prato arpennos quatuor cum silvis, rivum etiam petrosum cum suis appenditiis et archas cum farinaris atque appenditiis suis..... etc. (Octobre. 6e année, 34e du règne de Charles-10, octobre 873.)

Pateat tam presentibus quam futuris quod ego G. Dei gratia Cenomanensis Episcopus, Roberto abbati Sti Vincentii ecclesiam de Meeroly que nostra censualis erat et singulis annis 20 s. nobis censualiter reddebat pro dimidia parte molendini de Thoucia (?) que sua erat, dimisimus, et ecclesiam Sti Remigii que est prope Tuffeium que et capella dicitur nec non et ecclesiam de *Colongeio*, quas sui juris esse contendebat cum duabus partibus oblationum in quinque solempnitatibus, et duabus partibus primiciarum sub proprio jure possidendas concessimus; et hoc, presente abbate, actum est in capitulo Sti Vincentii, sub presentia et testimonio Bulgerici cantoris et Alberici archidiaconi, Harduini capellani, Goscelini ejusdem abbatie prioris, Hugonis cantoris, Guillelmi de Bellomonte, Odonis de Bellifagio et aliorum multorum.

De Sarceio ac Colengio hic incipit, sed maxime de Sarceio.

Quisquis sanctorum consors et perpetue retributionis desiderat particeps existere, necesse est ut, ex rebus transitoriis quos possidet Deo sancte que Ecclesie et ei condigne servientibus largiendo, future felicitatis premium sibi adquirere studeat, et quod rationabiliter agitur scripturarum serie taliter oportet alligari, ut per futura tempora oblivione nequeat violari. Ego igitur Herbertus de Miletia peccaminum meorum enormitatem considerans, eorumque mole quorum pernimia aggravar quoquomodo alleviari desiderans, Deo omnipotenti Sanctis que martiribus Vincentio atque Laurentio, beatissimis quoque confessoribus Domnolo et Aldrico, monachis quin etiam in eorum cenobio famulantibus, pro mei ipsius proprii que generitoris nec non et aliorum omnium parentum meorum animarum salute, reddo omnem terram planam atque arabilem de Colongeio atque Sarceio colibertorum que omnium medietatem que quondam de prefatorum sanctorum jure fuerat, excepto Rotlando cum sua terra quem michi ad presens retineo cum equitum beneficiis Huberti videlicet de Campania Raimundi Willelmi, Apolchardi, atque Girozii. Ceterum Willelmi prenomine Wedecc beneficium eis restituo eosque habere permitto, cum totius silve medietate, acceptis tamen a prelibatis monachis denariorum 10[l] et auri 2 unciis quas habuit mater mea Hildeardis, ut huic redditioni benigna faveret, accepta quoque ipsius loci omnium benefactorum societate, nec non firmata conventione, ut, in prefato monasterio, cunctis diebus competentibus, pro mei patris meorum que parentum omnium animarum salute, amodo una celebretur missa. De his autem que ad presens retineo, et si sub eadem calumpnia quam michi de omnibus inferre monachi consueverant, constitui ut nemini quicquam prece vel precio seu quolibet alio modo expendam, nisi sanctis prenominatis eorum que famulis quorum noscuntur esse juris. Hoc autem agere studui, annuentibus dominis meis, Gaufrido Andegavorum comite, Herberto Cenomannorum principe, Wlgrino presule, faventibus etiam fratribus et sororibus meis, aliisque quam plurimis quorum nomina subnotari precepi: Raginaldi, Gurhanni Alberici.

Maledictio detractorum supraedicti doni.

Horum autem quippiam, si quis presumptor quando que calumpniari seu auferre his quibus concessa sunt temptaverit, Dei omnipotentis S[te] que Marie Virginis S[torum] que martirum Vincentii et Laurentii omnium que SS[rum], nisi resipiscens emendaverit, maledictionem incurrat. Amen.

De donis Gervasii Episcopi, quibus restauravit Ecclesiam S[ti] Vincentii.

Cum in exhibitione temporalium rerum quas humana religio divino cultui famulando locis sanctorum et congregationibus fidelium ex devotione animi largitur tam presentis quam perpetue vite, ut jam pridem multis expertum est indiciis, solatium adquiratur. Saluberrimus et omnibus imitabilis est hic fructus primitive virtutis scilicet caritatis, per quam mundi prosperatur tranquillitas et felici remuneratione eterna succedit felicitas. Qua propter dum corruptibilis carnis sarcina deprimimur, ita nos oportet bona dispensare caduca, ut, per hec valeamus adquirere sempiterna. Innotescat ergo Ste Matris ecclesie fidelibus et devotis cultoribus tam futuris quam presentibus quod ego Gervasius 1° sedis Cenomannice Episcopus deinde illa michi immerito ablata Remense archiepiscopium gratia Dei adeptus, eo tempore quo Cenomannensem pontifex regebam ecclesiam, restaurare laboravi, communi consilio canonicorum atque casatorum, nostrorum monasterium quoddam sub honore beatorum martirum Vincentii atque Laurentii, proxime subcerbio civitatis Cenomanensis fundatum antiquitus et consecratum illic ex more ordinem constituens monachorum. Res etiam que loco eidem ablate fuerant ab ipsis injuste eas tenentium manibus commutando seu redimendo eripiens, ibidem restaurare curavi. De proprietatibus quoque patrimonii mei, pro Dei amore nec non pro remedio anime mee atque parentum meorum, supramemorato monasterio, ut inferius apparet, addidi incrementum. Hec autem sunt que pridem amissa ipsi cenobio restituit cum Dei auxilio nostre diligentie cura : Ecclesia scilicet de *Sartiaco* pariter que Ecclesia de *Colongiaco* cum impsarum altaribus, planum quoque et silva cum colibertis et omnibus consuetudinibus ad ipsam terram pertinentibus, que vero ipsi loco consiliantibus canonicis atque aliis fidelibus mis donavi seu emi, hic conscripta monstrantur : quedam videlicet prebenda in ecclesia B^{ti} Juliani, ita ut tantum dem monachi recipiant quantum quislibet ex ipsius ecclesie assiduis servitoribus, pro eo quod ibidem episcopalis et canonicalis habetur sepultura, et tota decima que est ab ulmo Symeonis usque ad lapidem qui est in via de Coliniis, sicut ductus aque currit, que vulgo Crapaldum nominant, et tota decima terre arabilis que est a loco qui dicitur Leta mors usque ad Callem de Bus, et a Calle de Bus, usque ad fontem S^{ti} Martini, et a fonte S^{ti} Martini, usque ad villam que vocatur Vilaretum, et decima terre Walterii Escarboti de Carbonariis, et decima culture Ingelbaudi Coleveti, et decima culture Haringodi et decima culture Ermennaldi, preterea 3 arpenni vinearum juxta montem Barbatum cum mansione et cum uno coliberto earumdem vinearum clausario. Posui etiam in cenobio supradicto abbatem quemdam, consanguineum meum, nomine Avesgaudum, cujus studio et labore fratrum que inibi degentium hec que consecuntur, Deo adjuvante, ipsi loco adquisita sunt : Rainaldus B. Juliani precentor reliquit S^{to} Vincentio 3 arpennos vinearum, Ebrardus precentor, unum arpennum vinee, Durandus, filius Odobergie, arpennum et dimidium vinee cum uno bordagio terre, Tescelinus, unum arpennum vinee; Gausbertus, Pirarius, unum arpennum vinee, Lambertus, dimidium arpennum vinee; Wido Excoriator, Villani donavit S^{to} Vincentio quamdam terram censualem infra Poncellos cum uno arpenno prati et cum uno arpenno et dimidio vinee; Robertus Grammaticus dedit S_{to} Vincentio 4 arpennos vinearum. Preterea dedit huic sanctuario

Vincentii et Laurentii Robertus Grammaticus de suis facultatibus hec : unam bibliothecam unam per partes divisam, canonicale unum Smaragdum, passionale et duos agripennos vinearum et dimidium ; item in vico que dicitur Mansus Carbonis, terram unius aratri censualem, alibi unam mansionem que vocatur Vulpecularie. Hec et, si qua alia nos vel aliquis alius donaverit fidelis huic ecclesie, donando in hac cautione subscripserit, quicumque sibi tulerit, si non reddiderit et emendaverit, pereat cum diabolo et angelis ejus in secula seculorum ; amen. Similiter donavit idem Robertus Ecclesie Ste Marie, que est juxta S^tum^ Vincentium, unum agripennum vinee atque dimidium. Matheus prepositus in fine vite sue reliquit S^to^ Vincentio ad duos boves apud Colonias, annuente Gervasio episcopo atque parentibus ipsius Mathei. Broilum de Coloniis donavit S^to^ Vincentio Episcopus Avesgaudus, quando dedicavit ipsam sancti Vincentii Ecclesiam. Fulminus sacerdos donavit S^to^ Vincentio, post suum discessum, terram Anfredi camerarii, que est apud colonias et apud Poncellos per favorem filiorum Willelmi de Colantio, annuente Gervasio Episcopo, de cujus casamento est. Herbertus, filius Hugonis filii Rainonis, annuente matre sua et fratre, donavit S^to^ Vincentio unum arpennum prati prope, ripam Sarte per favorem Herbrandi de cujus beneficio est, ubi nunc ortus S^ti^ Vincentii habetur. Juxta eumdem, dedit Gervasius Episcopus S^to^ Vincentio unum arpennum prati.

Universis. Noveritis quod, in nostra presentia, constitutus Robertus de Cheveigneio, miles, vendidit in jure religiosis viris abbati et conventui S^{ti} Vincentii Cenomanensis 5 s. cenomanenses annui et perpetui redditus habendos et percipiendos super suis oschis terre sitis ante portam dictorum religiosorum de *Aquabella* in parochia de *Colungeio,* quas dictus miles tenet a dictis religiosis, et facta fuit ista venditio pro 30 s. cenomanensibus, de quibus denariis dictus miles coram nobis in jure se tenuit integre propagato exceptioni non numerate et tradite pecunie renuncians specialiter et expresse, ita quod de cetero eam non poterit allegare, et graavit et promisit in jure dictus miles se redditurum dictis religiosis dictum redditum singulis annis ad Crastinum S^{ti} Martini hyemalis et voluit et concessit quod non credatur ei nec ejus heredibus de solutionibus nisi facte fuerint coram nobis, etc., ut supra. — Datum die veneris post..... Anno Domini 1262.

Universis presentes litteras inspecturis, officialis Cenomanensis salutem in Domino. Noveritis nos, anno Domini 1270, vidisse et diligenter inspexisse litteras infra scriptas sigillo curie nostre sigillatas, non abolitas, non cancellatas, nec in aliqua parte sui viciatas sub hac forma.

Universis presentes litteras inspecturis, officialis Cenom. salutem in Domino. Noveritis quod in nostra presentia constitutus Johannes Hermenjardis de parrochia de Sarceio recognovit in jure quod ipse vendiderat et adhuc vendebat religioso viro Rag. abbatii sancti Vincentii Cenomanensis unum sextarium frumenti annui et perpetui redditus et unum denarium cenomanense de redditu similiter reddendos singulis annis dicto religioso et suis successoribus apud *Aquam Bellam* in festo omnium sanctorum ad mensuram patrie super prato dicti Johannis de stagno de fasce sito in feodo de Aqua Bella ; super quo dictus Johannes dictum redditum assignavit, obligans et heredes suos et dictum pratum, et omnes illos qui illud de cetero possidebunt ad reddendum dictum redditum de cetero ad terminum supradictum, volens et concedens et ad hoc se et heredes suos et dictum pratum obligans quod si ipse vel ejus heredes seu possessores dicti prati in solutione dicti redditus defecerint, quod idem abbas et ejus successores super dicto prato tanquam Dominus feodi possit jurisdictionem exercere, donec ei de dicto redditu et dampnis et interesse habitis ad retardationem solutionis dicti redditus non facto sit integre forisfactum, et fuit. Facta dicta venditio pro 20 sol. cenom. eidem Johanni, coram nobis integre persolutis et ab eo gratanter receptis, danti fidem in manu nostra quod ipse religioso dicto et ejus successoribus dictam venditionem liberabit et garantizabit contra omnes, quantum jus dictabit, ad hoc, se et heredes suos et omnia bona sua obligando et nos predicta adjudicamus tenenda et ea sigillo curie Cenomanensis fecimus sigillari in testimonium veritatis. Datum anno Domini 1262 die martis post nativitatem B. Marie.

Constitutus in jure coram nobis *Gaufridus de Ruisellis* de parrochia de Resquilio recognovit in jure, coram nobis, quod ipse tenetur reddere religiosis viris, abbati et conventui B^{ti} Vincentii Cenomanensis 4 s. cenomanenses annui et perpetui redditus super prato de la *Faine* in parrochia de la *Faine*, juxta prata Garini Cherel, ut dicitur, pro quadam quadrigata feui, quam antecessores dicti Gaufridi dederunt dictis religiosis in elemosinam, pro ut confessus est coram nobis idem Gaufridus; quod pratum idem Gaufridus, ut dicitur, tenet et possidet, quos denarios dictus Gaufridus graavit et promisit in jure coram nobis se redditurum dictis religiosis vel eorum mandato de cetero ad festum omnium sanctorum, ad domum ipsorum religiosorum de *Aquabella* annuatim, et ad reddendum dictum redditum obligavit dictus Gaufridus se et heredes suos et omnia bona sua mobilia et immobilia presencia et futura, et nos omnia premissa adjudicamus sententialiter tenenda et ad festum S^{ti} Christofori proximo venturum debet reddere dictus Gaufridus dictis religiosis 4 s. cenomanenses de redditu transacto. Datum anno Domini 1266. (*Cart. de S. Vinc.*, Biblioth. du Mans.)

FIN.

TABLE.

www.ingramcontent.com/pod-product-compliance
Ingram Content Group UK Ltd.
Pitfield, Milton Keynes, MK11 3LW, UK
UKHW031849260826
14628UKWH00002B/669

9 782013 048224